性の学びが未来を拓く

大東学園高校　総合「性と生」の26年

水野　哲夫

はじめに

日本の性教育──乏しく貧しい内容──

日本の学校に「性教育」という科目はない。さらに、理由は不明だが、文科省は「性教育」という用語自体を使わず、「学校における性に関する指導」と呼んでいる。同省は、文部省時代の1999年に「学校における性教育の考え方、進め方」という文書を発表して以降は、まとまった性教育の指針は発表していない。性教育に対する文科省の消極的な姿勢は明らかである。

日本の学校における性教育は、包括的性教育を進めている欧米諸国や韓国・台湾などのアジア諸国に比べて10年単位の尺度で遅れていると言わざるを得ない。まず、授業時間数が極めて少ない。全国の中学校724校を対象にした橋本紀子さん、茂木輝順さんらの調査（2017年）によると、中学校での性教育の授業数平均は3年間で8．62時間。1年間では3時間未満に過ぎない。スウェーデンでは（学校によって違いはあるが）年間授業時間数20時間程度のケースが多いこと、オランダの小学校では1シーズン8回から10回の授業が設定されていること、フィンランドの中学校では、1年間で約17時間、韓国では年間15時間程度が標準とされていることなどと比較すると、日本の中学校における平均授業時間はあまりにも少ない。

また、内容と情報量においても乏しい。埼玉大学の田代美江子さんによると、性教育内容の一部が含まれている日本の小学校の保健教科書は、4年生・5年生の合本でわずか40ページ程度に過ぎないが、韓国の保健教科書は100ページ以上あるとのことである。学校での性教育は全教科で扱うとされている。しかし最低でも何時間行うというミニマムスタンダードはなく、人権教育のような基盤となる根拠法もない。さらに、小5理科の学習指導要領に「受精に至る過程は取り扱わない」、中1保健体育の指導要領には「妊娠の経過は取り扱わない」という「歯止め規定」がある。この規定は現場教員には小中学校では性交について指導してはならないとしたものと解釈されており、性教育実践への足を止めさせるはたらきをしている。

文科省は「性に関する指導」の推進の仕方を次のように指導している（「学校における性に関する指導について」２０１７年）。

①単独の教科ではなく、学校全体で推進すべき／②学校だけでなく、家庭や地域社会と連携を取りながら推進すべき／③小学校から高校まで全体を把握したうえで見通しをもった指導を行う必要／④全教員の共通理解のもと、集団指導と個別指導をよく整理する

性教育を実施しようとすると、①から④までのハードルを越えなければならない。それが可能かどうかは、校長など管理職の考えによっても大きく左右される。日本の学校では性教育の実現は大変なことなのである。自らが性教育を受けた経験のある教員が少ないという問題もある。研究団体等に所属して性教育を研究し、学んでいる教員もごく少数である。教員の超多忙、上意下達と職員会議の形骸化、教員の自主的学習や研修の衰退なども、性教育を進める上での困難と言えるだろう。コロナ禍への対応も加わり、「仕事をこれ以上増やしてほしくない」という学校現場の悲鳴を聞くことが多い。日本の学校で「まともな性教育」に出会えるかどうかは、「当たりクジ」に似ていると言っても過言ではない現状なのである。

市民の「まともな性教育」への期待

学校現場では先ほど述べた性教育への壁に加えて、2000年前後の「性教育・ジェンダーフリーバッシング」の負の影響が今も残っている。バッシングによって性教育実践は止めさせられ、(遠回しではあれ)禁止され、抑圧された。学校における性教育実践は潮が引くように減っていった。

しかし、近年、性教育の必要性に関する世論の「潮目」は明らかに変わったのではないだろうか。私自身が最初にこの変化を感じたのは、2018年3月の古賀俊昭都議による性教育バッシング再現を企図した都議会質問後の各種世論調査であった。

「バッシングが再現されてしまうのではないか」「再びは許さない」という思いで、世論調査等に注目していた時、もっとも印象的だったのは、同年5月の日本テレビ「スッキリ!」における番組内投票だった。「中学3年生に『性交・避妊』を詳しく授業するのは『あり?』『なし?』」という2択に対して、「あり」は3万4075人、「なし」は3270人というケタ違いの結果だったのである。他の各種調査でも、「中学生にも性教育で大切なことをしっかり教えるべき」という声は圧倒的であった。1990年代、メディア等で「性教育ブーム」「性教育元年」などと喧伝(けんでん)されたことがあったが、その頃と比較してみても、市民の危機感と問題意識はより切実なものがあるように思われる。

背景には、SNSなどでの性被害が後を絶たない状況や、子どもたちがネットで不正確かつ暴力的な性情報に容易にアクセスできる状況に対する市民の危機感や憂慮があると考えられる。さらに、性教育バッシングの影響で、学校における性教育が一時期より大きく後退し、「学校には期待できない」「学校では肝心なことは教えてもらえない」と広く考えられている事情もあるのだろう。また、「#Ｍｅ Ｔｏｏ」運動やフラワーデモなど、性暴力に対する市民の告発が大きく広がったこと、その中で性教育の必要性が広く認識されるようになったことも影響しているだろう。ここ数年、性教育に関する本が相次いで出版され、テレビ、新聞、ウェブメディアなどでも性教育をめぐる報道が相次いでいる。比較すべきデータがないため、個人的な感覚なのだが、性教育関連の出版はなかなかの活況を呈しているのではないだろうか。

日本の学校でも包括的性教育実践は可能

そんな日本でも、包括的性教育の実践は可能だ。

本書は、ユネスコの「国際セクシュアリティ教育ガイダンス」を基盤とする包括的性教育を年間20数時間、性教育先進国スウェーデンと同程度に実践している私立大東学園高校の記録である。

同校では、高校1年の必修総合学習（総合的な探究の時間）「性と生」として、特定の個人ではなく、様々な教科の教員がチームを作って授業づくりを進めてきた。しかも、１９９６年のスタートから26年以上にわたる実践が続いている。

日本ではまれな集団的な包括的性教育実践はどのように誕生したのか。なぜ続けてこられたのか。時々のエピソードと関係者へのインタビューによって、それらを浮き彫りにしていこうと思う。

※エピソードの執筆とインタビューは筆者が行った。

目次

はじめに 2
エピソード① 8
インタビュー1 小岩井 真由美さん 12
エピソード② 22
インタビュー2 丸山 慶喜さん 26
エピソード③ 36
インタビュー3 小嶋 真奈さん 40
エピソード④ 50
インタビュー4 武藤 由美さん 54
インタビュー5 池上 東湖さん 64
エピソード⑤ 76
インタビュー6 堀井(寺田)由美さん 80
エピソード⑥ 92
インタビュー7 小川 明紀さん 96

エピソード⑦ 108
インタビュー8　卒業生に聴く
麥倉 達摩さん 114
花輪 志門さん 122
Mさん 127
Aさん 127
Nさん 131
Mさん 131
高麗 美玖さん 136
インタビュー9　高校2年生に聴く
エピソード⑧ 140
インタビュー10 阿部 和子さん 144
エピソード⑨ 154
インタビュー11 原 健さん 158
インタビュー12 牛坂 安未さん 168
インタビュー13 荻野 雄飛さん 178
おわりに 188
参考文献一覧 193
総合「性と生」歴代授業担当者一覧 194

大東学園は波瀾万丈の歴史を持っている。前身のクリュッペルハイム東星学園の創立は1932年。世田谷区上野毛という住宅地に広大な校地と校舎を持ち、創立者で社会活動家の守屋東の声望もあり、俗に言う「お嬢さん学校」として比較的安定したポジションを保ち続けていた大東学園は、1960年代末に経営の危機を迎えた。1960年代はじめにピークを迎えたベビーブームによる入学者増が去り、急激な入学者減が日本中の私学を襲った、いわゆる「私学危機」である。

◉1960年代末、廃校阻止のたたかいを経て存続

当時理事会は長期にわたって会議すら開かれず、責任ある運営がされていなかった。ある理事が個人的に「マチ金」（高利貸し）から借りた巨額の借金の抵当には、広大な校地と校舎があてられていた。

1968年3月、いきなり校舎が取り壊され、危機が表面化する。債権者が借金のカタとして校地と校舎を売却する予定であることが明らかになった。これに対して、他に類例を見ない「廃校阻止・学園再建」のたたかいが始まる。

「学園を守れ」という一点で団結した生徒・保護者・教職員を、東京と全国の教職員組合・キリスト者、学者、文化人が支援する体制ができ、「大

廃校阻止闘争。債権者の作ったバリケードの中で授業をする（1968年6月）

東学園共闘会議」が結成された。債権者による学園破壊を防ぐため、連日校舎への泊まり込みをして守ることもあった。

たとえ校地校舎は失われても大東学園で学びたいという生徒たちの声は教職員や支援の人々を大きく励ました。この声に励まされて共闘会議議長O氏は債権者と交渉し、和解を勝ち取った。

広大な校地と校舎のほとんどは失ったものの、6教室の小さな校舎1つを確保し、1969年、大東学園は廃校を免れて再出発した。教育権が財産権に優先することを訴えてたたかわれた大東学園廃校阻止闘争は勝利したのである。

教職員は、施設がない状態でも「教育は人だ」を合言葉に生徒たちに向き合った。

新しい理事長には東京私学教職員組合連合（東京私教連）の執行委員で共闘会議議長をつとめたO氏が就任した。

◉再出発と変質

再出発後数年してO氏は校長も兼務することとなった。理事長兼校長というものが非民主的で独裁的な私学にありがちなパターンであることはよく知られている。そうした危惧による反対意見もあったが、教職員の経験不足と、O氏の実績とリーダーシップへの信頼などが反対意見を抑えることになった。

当時の大東学園には、一応民主的な制度やルールがあった。また、ほぼ全員加盟の教職員組合も存在した。しかし、実際にはO氏とごく少数の腹心教員がすべての企画を立案し、「ウラ」で話を固めた上で公式の会議にかけ、形式的には承認を取って進めていくという学校運営が進められていった。実際には「開発独裁型」とでも言うべき上意下達の学校運営だったのである。

特に性をめぐる指導は上意下達で抑圧的なもの

であった。例えば避妊具を持っている生徒がいたら、その生徒は「不純異性交遊」をしていると考えよ、というのが校長などからの教員への指導の中身だった。私も言われるままに保護者を呼び、懲戒処分もちらつかせて交際をやめるようにという「生活指導」をした。セクシュアリティなどに無知な私のような教員が権力を振り回す、人権侵害的で強圧的な生徒「指導」がすすめられていたのだ。

◉1990年代、新たな民主化のたたかいと大改革

しかし、O氏の学校運営と教職員の間の矛盾は各方面で激しくなっていく。

1989年、O氏は「業務命令に従わない」として、家庭科の女性教員に懲戒解雇を言い渡した。事ここに至り、それまでO氏との対峙を避けてきた教職員組合も「解雇撤回・原職復帰」を掲げ、ストライキ権を確立してたたかうことになった。

学園の監事による学園経理の「不整（不正ではない）」報告にもとづき、東京都の担当部署（学事部）が調査指示と監査を行った。理事会が提出した改善報告書は不十分だとして再提出を求められる。このことをきっかけに、「学園正常化のための大同団結」を合言葉にした教職員、保護者、理事者の協同が広がった。

1992年、理事長兼校長のO氏の退陣、新しい理事会体制の確立と校長の選出という大きな体制上の変革を実現し、ついで校長公選制の導入、1クラスの生徒数を減らすなど、学校運営や教育条件などについても大きな改革を実現した。この大改革は教育内容や生活指導にも波及した。

◉「ブルセラ女子高生」報道の洪水の中で

この頃、「ブルセラショップ」（女子高校生の中

古制服などを販売する店舗）が社会現象となった。女子高校生が性的な対象として焦点化され、下着を売る彼女たちの「性的放縦ぶり」がメディアで洪水のように喧伝された。

この問題を他人ごとにはできないと考えた3年生のあるクラスの生徒たちは1993年の文化祭で、「今考えなければならない性の商品化―女子高生にいったい何が」という展示企画を実現した。「私たちを『モノ』としてみないでよ！」というメッセージが企画内容を端的に表している。

性の商品化 ブルセラ テレクラ 買売春
女子高生が徹底研究
私たちを「モノ」としてみないでよ！
大東学園高 3年K組
「ブルセラショップ」班
「アンケート」班
「性の教育研究」班
マスコミの女子高生像 絶対おかしい

文化祭企画の報道
（「しんぶん赤旗」日曜版1993年11月）

セクシュアリティ、「性と生」というテーマが大東学園の生徒たちにとっても喫緊の学習課題であることがこれらの取り組みの中で明確になったといえる。生徒がこれらの展示を実現するために教員たちが力を貸したが、そこには当時教職員が自ら進めていた性の学びが反映している。

◉総合的な学習の時間（以下『総合』）「性と生」の誕生

カリキュラムづくりが自由に論議できる新しい環境の中で、総合学習を立ち上げるチームは、教育科学研究会の「3つのセイ」という考え方を借り、「性・政（平和）・生（人権）」3領域をカバーする総合学習を構想していった。

その動きと連携し、意識的に性教育を担おうとする教員たちが性教協（〝人間と性〟教育研究協議会）の知恵も借り、具体的な「性と生」の内容を構想していった。

そして1996年、1年生の総合「性と生」がスタートする。

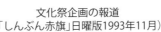

インタビュー1

小岩井真由美さん

（1989年〜　国語科教員）

小岩井真由美《こいわいまゆみ》さんは、1989年に国語教員として女子校だった大東学園に就職した。

1クラス50数名の女子生徒、12クラス規模の第1学年、入学式直後から2泊3日のオリエンテーション合宿を3回連続で行ったこと、生徒たちがエネルギッシュだったことなどが強く印象に残っていると話す。

生徒が性の対象に──「性の商品化」の視点

1990年ごろのことだ。生徒の生活指導の中で、生徒が大人の性の対象にされているのではないかと思わされるできごとが見えてきたという。「モデルにならない？」というような声かけをされて行ってみたら、水着姿の写真を撮られたりする。大人だったら騙せないが、女子高校生ぐらいなら騙せるというような手口で生徒が声をかけられている実態が見えてきた。

1993年に修学旅行宿泊先でクラスの生徒による性的いじめの事件があり、小岩井さんはその指導を通じて生徒の背景にある性の問題に目が向くようになっていた。

また、1992年の「大改革」を経て校長の交代があった後の大東学園では、旧体制では真正面から取り上げられなかった性の問題も見逃さずに取り上げようとする雰囲気があった。

女子高校生を性の対象とするような動きに対して「ちょっと立ち上がろうぜ」みたいな職場の雰囲気もあったと小岩井さんは話す。

この当時、小岩井さんが印象に残っているのは校内研修会に「アーニ出版」の北沢杏子さんを招いて行われた講演だ。北沢さんはあるテレビCMを取り上げ、なぜここで女性タレントに水着を着せなければばいけないのか、このCMは誰向けなのかと問いかけた。小岩井さんはまず「はあ?」と思い、それから「そうか、これ誰向けなんだ?」と考えた。その衝撃が凄く大きかったという。何も考えずに「そういうものだ」と思っていたコマーシャルも、性を商品化することも含むある視点、ある立場を反映しているということに気付かされたのだ。まさに「目から鱗」の経験だった、と小岩井さんは振り返る。

文化祭クラス企画―「私たちを『モノ』としてみないでよ!」

1993年、小岩井さんは3年K組の担任だった。この時期の文化祭は3年生のクラス企画は模擬店か研究の展示発表かという指定の枠があった。

3年生の文化祭企画について生徒と話し合う。小岩井さんは文化祭企画を考える際、「何をやるか」から話し合うのではなく、どういう目標を立てるかということから話し合うことにしてきた。

生徒との話し合いの中で出された目標は、次のようなものだった。

①高校生最後の文化祭なので、団結し、マンネリ化しないようなK組の特徴を出そう。
②多くの人に感動を与え、見直してもらい、人の立場(思いやり)に立って、考えるクラス作りをしよう。

目標②の「見直してもらい」には、5月の修学旅行での集団的な問題行動の経験が反映しているのではないか、と小岩井さんは考えた。

生徒たちとの議論の中で、小岩井さんは、自分自身が学んだCMのつくられ方や見方などの話をした。生徒たちはこの話に興味を示し、そこから、メディアで連日のように取り上げられていた「ブルセラ」ショップや女子高校生売春などを考えていくという方向に広がっていった。

3年生の2学期である。小岩井さん自身は進路指導が多忙を極めていたこともあり、生徒たちの議論の細かいことは覚えていないというが、生徒たちは何人かの教員の援助を受けながら、4つのグループに分かれて調査や研究を始めた。

行動する生徒たち

進路指導が多忙を極めていた上に妊娠中だった小岩井さんは生徒たちと実際に学外に調査に行くことはできなかった。養護教諭の谷元由美さんや学年スタッフの教員（柳井英雄さん、堀井凡児さん）が力を貸してくれた。
4つの班の取り組みは次のようなものだった。
1班―「広告と性」。女性が広告などで「物」として扱われている現状を考える。北沢杏子さんのアーニ出版に取材に行く。女性の身体の一部がクローズアップされている広告やポスターを実例にあげて分析をする。実例は、生徒たちが模写して示した。
2班―「ブルセラ」ショップの実態取材と分析。下着を売りに行く女子高校生と、買うお客の心理と現状を分析する。
3班―千歳船橋にある世田谷少年センターに取材。青少年の実態と女子高生売春の現状を聞き、分析する。
4班―生徒と教員、クラスの保護者に対するアンケート調査と集計、分析。

生徒の声から

この文化祭は学内でも大きな話題となり、さらにメディアにも取り上げられるものとなった。インタビューで小岩井さんは生徒の感想文を朗読してくれた。一部引用する。

「自分には関係ないと思ってしまえば、私たちのやったことは無意味になってしまうが、自分と照らし合わせて考えられたと思う。今まで女性が商品化されていることに半信半疑だったが、実際あると知って、私たちだけでも止めなくてはいけないと思い始めた」

「広告などを見て、なぜ水着姿なんだろう?…どうして身体の一部分だけがクローズアップされているのだろう?と、今まで気にしなかったことに気付くことができた」

「一部の女子高生の行動を全部として扱ったり、流しているマスコミや社会に考えて欲しい。私たち女性を1人の女性として認めて欲しい。物として扱って欲しくない。マスコミや社会に流されない私たちでいたい」

「どうして女性が性の商品としての対象にならなければならないのか?今後、批判的に見ていく必要もあるだろう。女子高校生が…という見方だけで終わるのではなく、本当に一緒に考えてもらいたいし、何でもお金儲けに繋げて考えて欲しくない。私たちもしっかり考える必要もあるが、私たちを取り巻く大人の人たちにも社会の現状を認識してもらいたい」

「社会の流れや現状にも問題はあると思いますが、お金や好奇心を目の前にすると良いとか悪いとか当たり前の判断力や常識、非常識とか考えることすらしなくなっているのではないでしょうか。女性を物としてしか見ていないことや、女性の尊厳を侵害していることをもう1度しっかり考えて、女性としての自覚を大切にして欲しいと思います。皆さんももう1度真剣に性の商品化を考えてみませんか？」

小岩井さんは、資料として用意してくれた当時の印刷物を読みながら思わずつぶやいた。

小岩井　こんな文章書けてたんだ。これ、凄くないですか？

―凄いな。深く考えたんですね。

総合「性と生」が始まる

1996年、小岩井さんは総合「性と生」チームの一員になっていた。どういう経緯でそうなったのかはっきりとは覚えておらず、おそらく校務分掌と一緒に決まっていたのではないかと推測する。

「性と生」という科目についてはすでに何度も通信が発行されていたりして、どういう内容なのかはある程度把握していた。また、1993年の文化祭の経験からも抵抗感はなかったそうだ。

何か「正解」を出さなければいけないようなものではない、また、総合学習というのは既存の専門科目と違って皆ある意味では「素人」だし、気張らなくていいという認識があった。一方で、専門科目の国語のように指導書があるわけではないことへの不安もあった。

授業がスタートしてから、「性はプライバシーだから自分の体験談を話すものではないよ」というルールや心構えなどが確認されたが、「楽しみ」というほどのワクワク感はなかったという。

大東学園の中にも性の学びを進めることに好意的でない人はいた。その人たちの決まり文句が「寝た子を起こすな」だった。それに対して「性と生」メンバーが、「寝てませんよ」と返したことが印象に残っているという。

小岩井さん自身も「子どもたちは寝てなんかいない」というのは実感としてあった。

小岩井　早い子は小学校の高学年から、中学校でも、性に関する噂や色んなもので、正しいことも間違ったことも頭に入れている。耳にも入って来る。「寝てないよ」って、私もそう思ってた。

その「子どもたちは寝てない」という認識は、授業が始まってからの生徒対応にも役立った。

授業が始まると、嫌そうにしている生徒、下ばかり向いている生徒、居眠りしているように見える生徒もいる。そういう生徒も文字通り「寝ていない」、「耳はダンボ」にしていることが多い、という安心感があったという。

1年目のこの年は丸山慶喜さん（次のインタビューに登場する）とのペアだった。

丸山さんが授業のガイダンスで生徒に話したことがストンと心に落ちた。

「『性』という字は『りっしんべん』（忄）と『生きる』の『生』からできている。りっしんべんは心なんだよ」という話だ。丸山さんは、「『性イコールセックス』とか、性は卑猥なことだと思って人もいるかもしれないけど、性は心と体が結びついた全体なんだよ」と話したという。

「そこからは大丈夫でしたね」と小岩井さんは振り返る。
それから小岩井さんは4年ほど「性と生」を担当し、教科主任も経験した。

「性と生」をふり返る

「性と生」という科目に参加して、小岩井さんはどう感じたのかを尋ねた。

小岩井　良いか悪いかって言われたら、やっぱり良かったです。ただ、生徒に投げかける問いが自分に凄いブーメランで返って来る。自分の生き方にほんとに自問自答。私こんなこと言ってるけど、どんな生き方をしてきたのかとか、自分の生活に返って来るからしんどい時もありましたね。

小岩井さんが「自分の生き方」を具体的に考えた場面の一つに、自身の子育ての場面があったという。子どもは男の子。「男ジェンダー」を刷り込んでいないかどうかを考えた。「性と生」の中で学んだことは納得して腑に落ちていたので、「男のくせに」とか、「泣いてんじゃない」とかそういう言葉を使わなくなった。

生徒にとっての「性と生」

毎年授業が終わった時に、生徒たちに「性と生」を学んでという題で書いてもらった。最初は「いやらしいもの」とか「エッチなこと」とかそういう風にしか見てなかった、でも本当に「生きる」の方にちゃんと焦点を当てていて必要なことなんだ、という感想が多かった。

女子高時代の生徒たちである。その頃の生徒たちは「このことは男子に伝えなきゃいけない」と言っていた。もちろん女子だけが考えることではないが、女性に結構リスクのあることがいっぱいあるからというのは感想で良く目にした。そして、「学んで良かった」「ちゃんと正しいことを学んで良かった」、「今すぐ役に立つかどうか分かんないけど」、後は、「結婚することや子供を産むことが当たり前とかそういうことではない」、自分で選んでいくんだということを書いている生徒もいた。保護者からのクレームはなかった。小岩井さんは「あまり否定的な感想はなかったと思います」と振り返る。

総合「性と生」へのメッセージ

―「性と生」は足掛け26年間続いてきました。若い人たちがこれからやっていくのに対して、「はなむけ」のメッセージがあったらお願いします。

小岩井　26年、凄いですね。はなむけというような大それたものではないですが…。

まずは、自分も知らないことを生徒と一緒に、生徒と同じ目線で、コール&レスポンスしながら、できることなら自分も色んな発見を楽しんでいけたらいいと思います。気張らないで。

私は毎回生放送だと思っていたんです。だから、用意して行ったけどそれは使わずに1時間会話して終わりでも良いぐらいな感じでやっていいと思います。

生徒もその時にすぐ答えが出るわけじゃなくて、何年か何十年か後に、この授業を「あっ」って思い出すかも、くらいのつもりでやっていって下されば良いんじゃないでしょうか。

—そうですね。今日は長時間にわたりありがとうございました。

小岩井　いいえ、こちらこそ。楽しかったです。思い出せて。

エピソード② 総合「性と生」の創出まで—カリキュラムの抜本的改革の中から—

エピソード①で述べたように、学校体制の大改革の中で、教職員は自らカリキュラムを構想することができるようになった。

改革の進行とカリキュラムの抜本的な検討経過を年表で追ってみよう。さまざまな検討と提案が猛烈なスピードで進められていることが分かる。

1991 ・O氏、理事長と校長を辞任。新理事長と新校長就任。

1992 ・校長選考規定発足（専任教職員から選出された委員と理事会からの委員による委員会で校長候補者を選定。候補者が専任教職員の信任を得た場合、理事会はその結果を尊重して校長を任命する、という仕組み）。

1993 ・月1回学校五日制実施。
・分掌を希望と説得・納得を基本に決定するという「分掌委員会発足」。
・学則変更。教育目標を「人間としての尊厳を高める」から「人間の尊厳を大切にする」に変更。
・新校長、完全学校五日制に向けて教育課程の検討を諮問。「教育計画委員会」（メンバー11人）発足。
・教育計画委員会、第一次答申「カリキュラムを考える視点」を発表。

1994 ・教育計画委員会、教育課程第二次答申中発表。
・五日制推進委員会発足。

・教育計画委員会、教育課程第三次答申発表。必修科目の大幅時間減、選択科目の大幅導入、そして総合学習の新設を三本柱として提起。
・カリキュラムの大枠を職員会議で確認。

1995　・カリキュラムの必修科目学年ごとの配置決まる。

教育計画委員会によるカリキュラム検討の特徴は、単なる科目ごとの時間数調整にとどまらず、生徒の現実と照らし合わせつつ、現行カリキュラムを歴史的・批判的に分析し、その上で新たなものを作り出そうとする点にあった。

また、教科教育だけでなく、学校行事も含めた「学習の経験総体」をカリキュラムとして捉え、検討していく点も特徴的であった。

「大東学園のカリキュラムの歴史の検討」によると、現行カリキュラムの特徴は、
・校長はじめ一部の人によってつくられ、集団的な検討がされてこなかった。
・教育目標「人間の尊厳を大切にする」が具現されていない。
・進学対策として英数国の比重が高い。
などと指摘されている。

「生徒の現状、特に授業をめぐっての検討」では、
・多くの生徒にとって授業が苦役になっていて学ぶ喜びや意味を見いだせないでいる。
・その結果として学習意欲の低下や成績不振を招いている。
と問題点を指摘している。

そして、新たなカリキュラムの三本柱として、次の三点を提起した。
・必修科目の大幅時間減。
・選択科目の大幅な導入。
・総合学習の設置。

このようにして1996年度からの新しいカリキュラムが準備されていったのだが、総合学習はどのように検討されたのだろうか。少し立ち入って見てみよう。

1994年4月、教育計画委員会の中に総合「性と生」プロジェクトチームが作られ、指導案づくりが始まった。翌1995年4月からはチームのメンバーを補充し、授業時間内にチームの会議を保障して検討のテンポを上げた。

委員会でのこのような検討と平行して、1992年から1996年にかけて計18回の校内研修会が持たれている。研修会のテーマは「学校五日制」「生徒指導と高校生の権利」「他校のカリキュラム改革に学ぶ」「学級運営」「今日の子どもたちの問題」などであった。

「性と生」に関する研修としては、性教育研究家・北沢杏子さんの模擬授業、「性と生」プロジェクトチームからの報告、同プロジェクトチームメンバーによる模擬授業などが行われた。

1994年、「性と生」プロジェクトチームが職員会議に報告した総合「性と生」の基本的な構想を紹介する。

＊＊＊

性と生、愛、家族、友人などをめぐる生徒たちの身近な悩みや関心にかみあう内容とする。

ファッションや性についての過剰な情報、学校生活のなかでの成就感のない生活や将来の見えない生活、親・教師の頭ごなしの言動からくるストレス、友だちづきあいのなかでの気遣いなど、大人の頭では考えられない悩みに、生徒たちはとり囲まれている。

とりわけ愛や性の問題はだれにも相談できずに、事態だけが進行している場合が、多々ある。これは、人間が生きていく以上、一生むきあう課題である。また、家族や友人をめぐる人間関係についても深刻な問題がある。こうした身近な課題が、生徒たちの心を中心的に支配し、学校生活に身が入らない現象を生活問題としてだけとらえるのでなく、授業としてとりあげ、考えるひとつの太い筋を与えることができれば、学校が生徒たちにとってより身近なものになっていくと考える。

＊＊＊

今読み返しても、総合「性と生」で学ぶべき内容を的確に示しており、包括的性教育に通じるものと言える。こうした基本的な構想に立って、1996年度から高校1年生を対象に総合「性と生」はスタートした。週1時間、1単位の必修科目。テストはなく、数字による評価もしない。出席とレポートで単位認定をする。大東学園高校における初めての総合学習である。

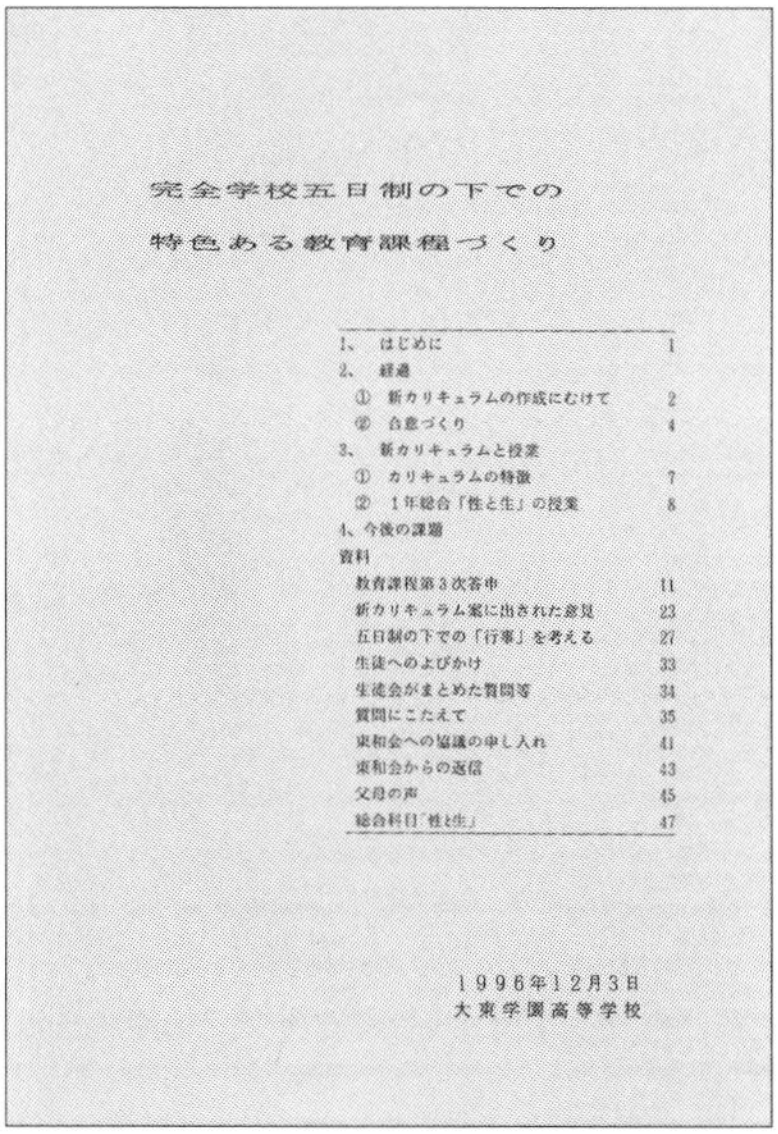
完全学校五日制の下での
特色ある教育課程づくり

1、　はじめに　1
2、　経過
　①　新カリキュラムの作成にむけて　2
　②　合意づくり　4
3、　新カリキュラムと授業
　①　カリキュラムの特徴　7
　②　1年総合「性と生」の授業　8
4、今後の課題
資料
　教育課程第3次答申　11
　新カリキュラム案に出された意見　23
　五日制の下での「行事」を考える　27
　生徒へのよびかけ　33
　生徒会がまとめた質問等　34
　質問にこたえて　35
　東和会への協議の申し入れ　41
　東和会からの返信　43
　父母の声　45
　総合科目「性と生」　47

1996年12月3日
大東学園高等学校

1996年12月3日発行の冊子
「完全学校五日制の下での特色ある教育課程づくり」

インタビュー2

丸山慶喜さん

（1992年～2002年　国語科）

丸山慶喜《まるやまよしのぶ》さんは1942年生まれ。1945年3月の東京大空襲の時は、自宅の2階から遠くの火を見たおぼろげな記憶があるそうだ。

東京教育大学農学部林学科に進学。山歩きに熱中した。4年生になっても就職活動をせずにいたが、教員にならないかという誘いを受けていくつかの私学の面接を受ける中で、日大三高は、面接した国語教員が優れた魅力的な人物たちであったこともあり、大学の仲間などからの「日大の付属ではお前は3日ともたないからやめろ」という忠告はあったが、同校の国語教員として就職した。

入りたての身で職員会議席上、当時の同校の校訓「躾（しつけ）教育」に対する反対意見を述べた。次いで90％を越える組織率の教職員組合を結成した。経営者による秘密裏の移転計画が進められており、父母と共に反対運動を組織する。

やがて丸山さんは1975年に解雇される。すぐに不当解雇撤回の活動を開始し、その支援要請のために大東の教職員組合を訪ねたことが大東学園との関りのはじまりだった。

解雇撤回の活動と並行して、町田地域で教育懇談会運動も進めた。大東学園の生徒をはじめ和光高校、日本学園などの私学、さらに地域の都立高校の生徒会も呼んでパネルディスカッションをやった。その時に大東学園の女子生徒が「非行をする友達もいるけど、その生徒も本当は悲しみを抱えている」という発言をした。「どうしてこういう発言ができるんだろう」と不思議に思い、そこから大東学園の教育に関心を持つことになった。

1991年、不当解雇を撤回させ、14年7ヶ月におよぶ争議に終止符を打った。そして大東学園で教師生活を展開すべく非常勤講師になり、翌1992年、国語科の専任教員になった。

女子校時代の大東学園で直面した性の問題

1992年、修学旅行の宿泊先で何人もの生徒が関わった性的いじめ事件が起きた。女子校であり、関係者が全員女子であるところから当該学年を超えて女性教員だけが指導に当たった。丸山さんは、女子生徒同士の出来事ではあるが、もし自分のクラスにこの性的いじめに関わった生徒がいたら、自分は男性だが指導に当たりたい、と当時の菅野亨一校長に話した。性について、性教育について、特に認識があったわけではないが、生徒のしたことだ、指導して変えなくてはいけない、と強く思ったという。

この後、菅野校長から総合「性と生」準備チームに加わってほしいと要請されたのにはこんなことが関係していたかも、と丸山さんは考えている。

丸山さんが生徒と性の問題を考えるもう一つのきっかけがあった。和光学園の丸木政臣さん（学園長）と話した時のことだ。丸木さんは「日本の学校は恋愛を禁止してはいない。しかし、女子生徒が妊娠したら退学させる。これは大間違いですよね」と言ったという。丸木さんから言われるまでは考えたこともなかったことだった。

「生徒が生きている現実から学びを起こす」

丸山さんに「教育計画委員会」や総合「性と生」準備チームでの議論をふり返ってもらった。

総合科目の領域としての「3つのセイ（性・生・政）」の議論、性の学びの意義付けなどの議論はもちろんした。しかし、どうしても「教えるべきもの」がまずあって、それをどう生徒に教育として「上から被せていく」かという方向の議論になってしまうことが丸山さんには歯がゆかったという。

「生徒が生きている現実から学びを起こす」という言葉は、どこかで知った言葉なのか、丸山さんのオリジナルなのか定かではないが、丸山さんの思いを表現する言葉だった。

「教える側の論理からではなく、生きている生徒たちが生きていく以上、考えざるを得ないものを学力として獲得していく」そういうものでなければ、上から被せてもダメだと丸山さんは考えたのだ。

この後、実際に「性と生」の授業が始まってみると、準備委員会でずいぶん時間をかけて作った授業計画は全く出番がなかった。

丸山　どこにもモデルがないんだよね。生徒が先の方に行って、どんどんやる。大東がやったことの素晴らしさは、そのモデルがないところから原野を切り拓いていったことだと思う。こっちのプランっていうのはどっちかっていうと机上の空論だ。現実の生徒に根差してないから、実際にやるとその通りになんか全然行かない。

丸山さんは「俺は生徒に変えられちゃった」と話してくれた。このことは、総合「性と生」のスタートの節で再び触れる。

「性の学力」をつける

当時の教員たちが、性について語る力が乏しいことは明らかだった。従って自分たち自身が学ぶことは必須だった。

〝人間と性〟教育研究協議会（性教協）のセミナーや学習会、講座などには同僚を誘って参加した。それを通じてみんなにだんだん学力がついていくのを感じた。

また、性教協の村瀬幸浩さん、元大東学園保護者の北沢杏子さん（アーニ出版主宰）には助言者的な役割を果たしてもらった。

「性と生」を担当する教員を集めなければならなかったが、「必要なのは分かるんですけど…。」という返事で二の足を踏む人が多かった。

そこで同僚の小嶋真奈さんと相談して、大東学園が「八ヶ岳山の家」で行っていた夏の研修会（教研）で性の学びに関する時間を設定し、二つの模擬授業を行って教員にも参加してもらった。一つは月経をテーマにした模擬授業。もう一つは、性的同意に関するロールプレイを取り入れた授業だった。男性がラブホテルに女性を誘うが、女性は嫌だと言って拒否するというシチュエーション。2人の教員を選んでやってもらったら、これが名演技で、とにかくもう爆笑だった。「こんなに楽しい授業なら私にもできるかな、やってみたい」というような感想が寄せられた。「やった！」という実感があった。

そこからメンバーのリクルートが始まる。これが大変だった。丸山さんがよく覚えているのは、ある女性教員のことだ。

彼女は、授業の中で生徒に「好きな人いないの？」とか、「これまでの恋愛経験は？」などといろいろ聞かれたらそれに答えるのは私にはできないから、と断った。

丸山さんは、「性はプライバシーなんだから、私は話さない。だからあなたたちの性も語らなくても大丈夫、保障するよ」と生徒に言えば良いんじゃないのか、と彼女に話した。

「そしたら、スッキリしちゃって参加ＯＫ」と丸山さんは笑う。

丸山さんがこの時感じたのは、生徒よりよくものを知っているはずの存在として、「上からものを言う」従来の教師という存在を反省的に捉えて、「生徒の声から授業・学びをつくろう」とスタートすることへの迷いや戸惑いだ。「生徒に近づいて、生徒の声からやりましょう」と言うと、聞かれたことには何でも答えなくてはならないのかという別の勘違いも生まれてくる。

また、性はプライバシーであり、それぞれの人間の人格や人権と結びついたものだという、人間と性の基本的な原則ともいうべきことへの認識、いわば「性の学力」がまだまだないことを示すエピソードだったとも振り返る。

総合「性と生」スタート。生徒とのやりとりで生まれる新しい経験

「性と生」実施初年度の１９９６年。チームのメンバー11人がそろった。女性７人、男性４人。この時はジェンダー別で人数をそろえるということはしていないが、やがて人数を揃えて男女で組み合わせるようになっていく。もともとの担当教科は国語、社会、数学、理科、保健体育、家庭、英語。

丸山さんは授業の様子を「生徒が先の方に行って、どんどんやる授業」と話してくれた。これはどういうことなのか。授業の様子を聞いた。

丸山　生徒たちとのやり取りの中で何をするかが自然とわかっていく。生徒たちの発言、質問、文章でのやりとりをもとに授業が作られていった。そのやりとりができたのも、クラスを半分にしていつも顔が見える授業にしていったからだと思う。

授業が始まる。丸山さんは円陣で座っている生徒たちの真ん中に入り、皆の顔を見る。中には寝ている生徒もいる。しかし授業の終わった時には、その生徒もちゃんと感想を書いている。生徒たちも「先生、ほんとはその子起きてるよ」と言う。正面から性を口にするのが恥ずかしくて顔を伏せている生徒も眠っているのではない。ちゃんと参加している。丸山さんは「そうか」と応じて、起こさずに授業を進める。そういう経験も新しいものだった。

「教えるべきこと・もの」がまずあって、それをどう「注入」するかというのがよくある授業のパターンだが、「性と生」はそうではなかった。「性と生」の授業では、教え込むのではなく、板書をノートに写させることもしない。それでいながら生徒たちは授業に参加している。現実に身体を持っている生徒たちが、やりとりを通じて確実にいろいろな変化をし、内側から学ぶ意欲が出てくるのが分かるのだ。

このようにこれまでの授業では経験したことのない生徒の反応を受け、丸山さんは「週1時間しかなくてテストもないのになんで君らそんなにこの授業が良いの」と聞いてみた。

生徒からの答えで印象に残っているのは、「それはいっつも先生がホントのことを言うからだよ」というものだった。他にも、「私と関係のないことを言ってるわけじゃないから」とか、「自分のタメになるから」、「毎回利口になっていく気がするから」という答えが返ってきた。

丸山　僕はほんとに生徒に育てられた。性って自分たちの身体だけじゃなくて、人間の存在がかかったもの。学んでそこを太くしていく生徒たちの達成感が、「毎回利口になっていく気がする」という言葉に表れている。もうほんとに教師冥利に尽きる感じを持った。

「性と生」がもたらしたものは

この「性と生」の学びは何をもたらしたのかを聞いた。

丸山　自分を分かる、己を分かるということ。これは凄く大事なことだった。自分は人間について考える幅が広くなってきて、学ぶことはこういう力を生むのかという感じがした。もう1つは生徒の発見。生徒が学ぶ意欲を出すのはどういう時なのかが分かった。この学びが生徒たちにもたらしたのは、学校で「自分を生きる」ことの意味を考える経験をしたということだと思っている。

―大東学園という学校にもたらしたものは何だったでしょう？

丸山　教員に新しい生徒観をもたらしたんじゃないの。濃淡あるだろうけど、どうしたってテストして順位をつける教師文化があるわけですよ。それに対して、自分の存在の意味、自分の意味、自分の生きる意味まで考え、触れていった経験をした生徒たちがいるということは、点数や偏差値で表現する生徒観を問い直すものになったと思う。

丸山さんは、いわゆる「性」だけを切り離して、「性教育」ということはしない。「性と生」と言っている。

多面体としての生徒を受け止める

現在丸山さんはライフワークとして「非行と向き合う親たちの会」の活動をしている。「性と生」に関わる講演をすることもある。

講演会の後の分散会などで涙ながらに語られる、学校ではおよそ語られることがなかった、見えなかった親たちの体験談と、そこで語られる子どもたちの姿や思いを通じて、あらためて人間は多面体だという実感を持つという。

丸山　この多面体の中の1面しか表に出ていない時にそれと向き合ったって駄目なんだ。生徒は多面なんだから、今こっちを向いているのはその中の一面にすぎないんだと思う。親御さんの話を聞きながら改めてそう思うよ。

丸山さんは自分の経験を踏まえて、教員が生徒とともに「性と生」を学ぶことによって、生徒を受け止める力が付き、そのことで子どもも変わっていくのだと語った。

丸山　「性と生」は大東の教育全体の中にずっと流れ込んでいくものではあると思うんです。僕は自分の人生で、妻と結婚して今も共に生きていることと、もう1つは大東を選んで「性と生」を担当したことはとても大きなことで自分をホメてやりたいと思っています。

—丸山さんにとっても「性と生」が大きな経験だったんだと言うのが分かって嬉しいな。自分が総合学習に関わるとき、パウロ・フレイレに学んで、「生徒と教師が一緒に前を見てともに学んでいく」イメージを持ったんです。

丸山　うん。一緒に前を見て、共に学んでいく、これに尽きますね。

—ありがとうございます。じゃあ、これにて終了致します。

丸山　ありがとう。

エピソード③　「性と生」のスタートと1990年代の諸情勢

1996年4月。新たに入学してきた高校1年生の総合「性と生」の学習が始まった。

生徒も緊張していただろうが、教員も緊張していた。初めて出会う生徒たちに、授業プリントでこんなあいさつをした担当者もいた。

一年生の総合科目「性と生」のスタートです。総合科目は教師の方が専門家ではありません。国語や社会、英語・体育・家庭科などの教師が担当者です。皆さんといっしょに学んでいきたいものです。

大きな特徴は試験がないということです。だから何をもとに単位認定するかというと、①出席②レポート③発表の3つです。

「性」に関することは、もともと非常にプライベートなものですし、一人ひとり違うものです。声を大きくして叫ぶ必要もないかわりに、恥ずかしがってコソコソしなくちゃいけないことでもないのですね。

まあ、とにかくはじめてみましょう。1年間よろしくね。

この授業初日に至る道のりの出発点は、1991年からの学園大改革であった。大改革からここまでの年月、すなわち1990年代の前半、世界と日本では、セクシュアリティや人権、教育などをめぐってどんなことが起きていただろうか。

今見直してみると、1991年からの大東学園の大改革は、「性教育ブーム」、河野談話、村山談話、ジェンダー平等の広がり、総合学習の導入等と時期を同じくして進行していたことがわかる。

1989年、学習指導要領が改訂・施行され、1992年からは保健の教科書で「性」を扱うことになり、「性教育元年」とも呼ばれた。教育現場では性教育の研究授業が盛んにおこなわれるようになった。

1993年には、河野洋平官房長官が、いわゆる従軍慰安婦問題についての談話（河野談話）を発表し、慰安所の設置・運営、慰安婦の募集に対する旧日本軍の関与を認め、当時の軍の関与の下に、「多数の女性の名誉と尊厳を深く傷つけた」として元従軍慰安婦に「心からのお詫びと反省の気持ち」を表明した。

1995年8月村山富市総理大臣が「戦後50周年の終戦記念日にあたって」と題する声明を、閣議決定をへたうえで発表した。いわゆる「村山談話」である。

村山談話は、日本の植民地支配と侵略によって諸国民に多大の損害と苦痛を与えたことを再確認し、謝罪を表明した。

村山談話と同じ1995年に、第4回世界女性会議（北京会議）が開催された。ここで国際的なジェンダー平等の取り組みの規範となる「北京宣言・行動綱領」が採択された。当時の日本政府が「Gender equality」の訳語を「ジェンダー平等」とすることを嫌って、「男女共同参画」という奇妙な日本語を作り出したことも記憶に新しい。

総合学習は、1998年の学習指導要領の改訂に伴って導入が決定し、2000年から段階的に全国の公立学校で始められた。1990年代の前半の教育界や教育関連図書は、一種の「総合学習ブーム」ともいうべき状況だった。

ジェンダー平等の推進、戦争と植民地支配や慰安婦問題への反省・謝罪、性教育の推進、ゆとりある教育と総合的な学習の提示—これらが、いわば「追い風」となって大東学園の大改革とカリキュラム検討を力づけたことは確かであろう。

これらに対する巨大な逆風、バックラッシュは間もなく—2000年頃には始まるのだ。嵐は近づいていた。

あるクラスの総合「性と生」の授業初日に戻ろう。1回目と2回目の授業の様子のレポートから引用する。

先に引用したあいさつを兼ねた印刷物を配りながら生徒たちの様子を見ると、緊張しているのがよくわかります。「『性』ということばからイメージすることはどんなことですか?」という記述式アンケートには次のような答えが記されていました。

・いやらしいっていうイメージ
・赤ちゃん誕生
・SEX
・男性と女性・人には言いにくいこと・わからない
・男の人と女の人が交わることだと思う。
・けがらわしい、そんな事思いたくもない。
・Hなこと
・あんまり人と面と向かって話したくない。
・体のこと・難しくてよくわからないコト。だから答えは書けない。
・知らないことがたくさんありそう、というイメージ
・おとな…。

これらからわかるように、生徒たちの意識や関心はさまざまです。授業の中での様子にもその違いはあらわれていました。

じっと下を向いて教員の顔を見ない生徒、「先生、私、セックスのことなら知らないことないから、質問なんてないよ」と大きな声を上げる生徒、緊張した表情で少しずつうなずきながら話を聞く

生徒など、姿勢や態度もいろいろです。

「今度は性についてのクイズをやってみよう。『質問なんてないよ』という人も、はたして全問正解できるでしょうか」と呼びかけて、1時間目は終わりました。

2時間目、○×クイズをしてみました。いくつか紹介します。

女性の体の中の卵子は、胎児の時から出来上がっている。（○が正解）（正解率低い）／一回の射精で放出される精子の数は、数十個である。（×が正解）（全員正解）／生理は傷からの出血と同じ出血である。（×が正解）（全員正解）／母親と胎児の血液はつながっている。（×が正解）（全員不正解）

正解を発表すると、「えーっ」「なんでー？」という声があがりました。特に最後の問題については、「絶対おかしいよ」「先生が間違ってるんだ」という声もあがり、ようやく雰囲気もほぐれてきました。前回下を向いていた生徒たちも、こちらを見ています。

「お母さんと赤ちゃんの血がつながっていたら、血液型はみんな同じになるはずだよ。でも違うでしょ」「あっ、そうか」「血液型が違ってまじっちゃうと大変なんだよね」「でも何で血がつながった親子とかいうんだろう」「それはたとえじゃないのか？どういう仕組みなのか今度の授業で勉強しよう」

このように、クイズをきっかけにいろいろな話が盛り上がってきました。

「セックスのことなら何でも知っている」と言っていた生徒グループは「先生、私が知ってるのはこういう性のことじゃなくて、もっと別のH系のことなの！」などと言ってはいましたが、クイズでの意外な結果には楽しそうでした。

「性と生」は多くの生徒たちに受け入れられてスタートしたと言えるだろう。

インタビュー3

小嶋真奈さん

(1982年～2009年　社会科)

小嶋真奈《こじまま な》さんは和光大学を卒業し、１９８２年に大東学園に社会科教員として採用された。

当時の大東学園は「超」長時間過密労働が当たり前のように行われていた。小嶋さんは教務部の時間割係という分掌に配属される。連日、深夜というよりも朝方近くまで作業をした。先輩の車に乗って小田急線の千歳船橋駅近くでおろしてもらう毎日だったそうだ。それでも、仲間がいること、仲間と仕事ができること、若手の自分たちでも新たに提案したことをやらせてもらえたことなどが楽しかった、という。

学校改革・授業改革と「教育計画委員会」での新カリキュラム検討

小嶋さんは１９９２年に始まる大東学園の「大改革」を「嵐のような年月だった」と振り返る。特に、学校改革の中心だった授業改革が本当に大変だったという。

１９９３年に発足した「教育計画委員会」は、丁寧に議論を記録するメンバー、創造的に視野を広げてくれるメンバーなど、構成員の特性や能力が最大限発揮された委員会だったと振り返る。

インタビューの際に小嶋さんが強調したのは、その委員会での議論を保証する体制保障の問題だった。学校が時間割内（授業時間内）に委員会の会議時間を設定し、議論する時間を保証したのだ。小嶋さん自身は、授業の持ち時間は週6時間ぐらいで、後の10何時間は「教育計画委員会」や「5日制検討委員会」などの会議の時間だった。１９９４年からは「教育計画委員会」の中に「総合『性と生』プロジェクトチーム」が発足し、小嶋さんはそれにも参加することになった。

必要だと思っていた「性と生」の学び

小嶋さんが性の学びを立ち上げるべきだと強く思うようになったのは、生徒たちからの性に関する相談を受け、それにどう対処するか悩んだ経験があったからだという。

女子校時代の大東学園。1年生から3年生まで持ち上がってきた学年メンバーの中では数少ない女性教員だった小嶋さんのところには、女子生徒からの妊娠や交際相手とのトラブルや暴力被害や商品化の問題などの相談があった。小嶋さん自身の経験値などは全然及ばない体験をしている高校生を目の前にして、何とかしなくちゃいけないという思いはずっとあった。しかし、何をしていいのかわからない。また、ベテランの男性教員には相談できなかったという。

当時の大東学園には妊娠した生徒は退学してもらうという不文律のようなものがあった。学校全体の性に関する捉え方というのは古めかしいものに感じられた。

しかし、保健室できちんと生徒たちの悩みを聞き取っていたり、ほかにも聞く力のある教員がぽつぽついた点が他の学校とは違っていたのではないかと小嶋さんは振り返る。

また、家庭科では「健康と家族」という柱で、性に関する学びが続けられており、一定の蓄積はあった。学園の大改革を機に、これらの蓄積は新たな「性と生」の学びに向かう力となる。

「教育計画委員会」の中に総合「性と生」プロジェクトチームが作られ、指導案づくりが始まったのが1994年4月だった。

1994年、プロジェクトチームは職員会議に総合「性と生」の基本的な構想を報告した。総合学習の構想をまとめる上で、教科研（民間教育団体『教育科学研究会』）などの「3つのセイ（＝生活、政治、性）は、子どもたちが生きる上での中心テーマだ」という提唱が参考にされた。

新しいカリキュラムの一つの柱に総合科目の新設があり、もう一つの柱は選択科目の充実だった。総合学習の「平和」は、修学旅行と一体で、沖縄にしようということだったから、2年生の科目と当初から決まっていた。

まず学ぶ。学びを広げる

総合「性と生」の立ち上げに向けて小嶋さんたちがまずしたことは学ぶことだった。小嶋さんは仲間の教員と性教協（〝人間と性〟教育研究協議会）の「理論と実践講座」などの学習会に参加した。

性教協の「理論と実践講座」には、「大東学園の同僚15人くらいで連れだって」参加した、と小嶋さんは振り返る。そこでは自分がセクシュアルマイノリティであるとカミングアウトしていた方をはじめとして、「目からうろこどころじゃない衝撃的な出会いがいくつもあった」という。

そして、その衝撃や感動を大東学園の教員や生徒、学園全体に伝え、広げていかなければならないという思いも強くした。

また、性教協で知った包括的な性教育の内容を大東学園の「性と生」に活かしていくためには、いくつもの課題があることも自覚した。職場には性教育は「寝た子を起こす」といって反対する意見もあったし、自分の娘にも性器名称をごまかしてしか言えないのに女子高生を前にそんな言葉を発することは無理という「感覚的」な違和感を持つ教員もいたのだ。それらを性教協で知りえた「知識」「理論」で超えてもらわないと、「性と生」は学校の柱にはならないだろうという思いもあった。『性と生』教科会ニュース」を毎週発行したのは、その思いが強くあったからだ。授業がはじまった最初の年1996年、小嶋さんは「性と生」チーム教科会の次の時間は空き時間だった。教科会が終わると、教科会でのリアルなやりとり（もちろんプライバシーには配慮したが）をニュースにして、職員室の教員の机の上に配った。

「自分はできないけど」…応援してくれた職場

小嶋さんは、「あれはやっぱり大変だった。でも、最初の頃の私の意識は教員に受け入れられる『性と生』の授業にしないと長続きしないっていう思いだった」と語る。

全国を広く見渡すと、性教育の実践では、優れた実践家がいても、後に続く人が誰もおらず、実践が受け継がれないというケースがよくある。大東学園の「性と生」の学びがそうした轍を踏まず、25年間続いてきたことに対して「すごいね。偉いね。大東学園」と小嶋さんは笑顔で言った。

「性と生」の継続を支えたものの一つに職場の教員の応援があった。「性と生」メンバーに対して、「自分はやれないけど、これは必要なことだ」と言ってくださる先生もいた。小嶋さんは「『性と生』ニュースが配られるとすぐに脇目も振らずに読んでくださる。そういう先生方の姿というのは私忘れないですよ」と語る。その姿からも、好き嫌いとか気が合う合わないなどを超えて「性と生」を応援してくれる職場の気運や力を感じることができたという。

公開研究会

１９９８年、池上東湖校長の時に始まった公開研究会。小嶋さんは、その最初の年の公開授業担当者だった。公開研究会をめぐって強く印象に残っていることを話してもらった。

当時、総合学習における一つの授業イメージがあった、と小嶋さんはいう。例えば、生徒が輪になって座っている。先生は自分の意見はできるだけ言わないで、自由に生徒に意見を言ってもらう。生徒は各自がぽんぽん自分の意見を発言していくというようなイメージだ。「総合の授業はそういうものでなければならない的な空気が強くなっていた」と小嶋さんは感じていた。

「でも、そのパターンだけじゃないんじゃないか。私がしゃべったことを生徒はどんなふうに捉えていくのか、それを共有して、みんなで考えるという授業だって『あり』だろうって思ってた。たぶんその頃じゃないかな、公開研は」小嶋さんはそんな風に思い返す。

公開研究会当日、指定されたクラス以外は全員「自宅学習」という名の休日だった。指定されたクラスだけが登校する。いわば「サービス登校」である。

果たして何人来てくれるだろうかと心配もしたが、みんなちゃんと来てくれた（遅刻する子もいたけれ

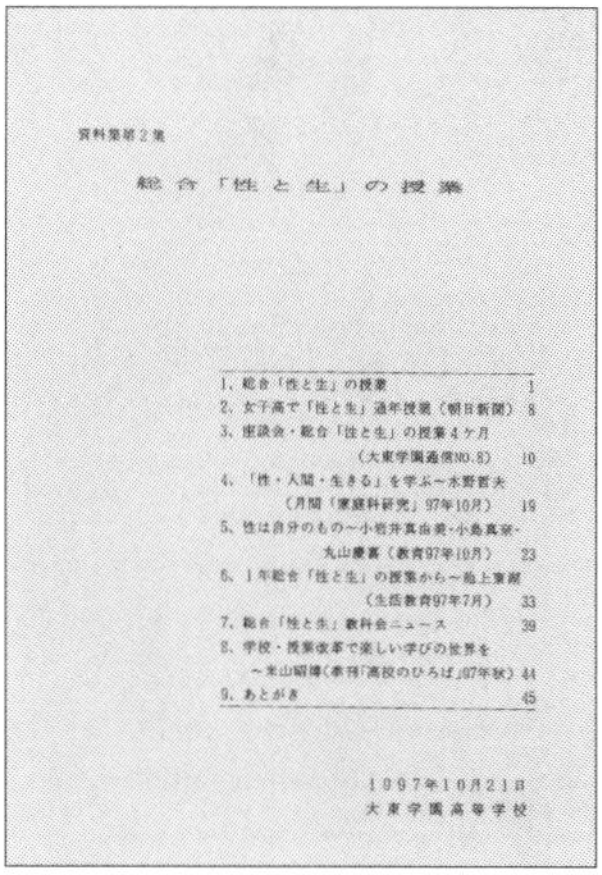
資料集第２集

総合「性と生」の授業

1、総合「性と生」の授業　1
2、女子高で「性と生」通年授業（朝日新聞）　8
3、座談会・総合「性と生」の授業４ケ月（大東学園通信NO.8）　10
4、「性・人間・生きる」を学ぶ～水野哲夫（月刊「家庭科研究」97年10月）　19
5、性は自分のもの～小岩井真由美・小嶋真奈・丸山慶喜（教育97年10月）　23
6、１年総合「性と生」の授業から～池上東湖（生活教育97年7月）　33
7、総合「性と生」教科会ニュース　39
8、学校・授業改革で楽しい学びの世界を～米山昭博（季刊「高校のひろば」97年秋）　44
9、あとがき　45

1997年10月21日
大東学園高等学校

小冊子「総合『性と生』の授業」（1997年発行）

ど）。生徒指導などでは大変な面もあった学年だが、「性と生」を担当したクラスの生徒の「やる気」は印象的だった。

公開研のための冊子や授業記録を作ることは大変だったが、チームにとっても小嶋さんにとっても振返って総括することにつながった。それが公開研の重要な役割だったのではないかと小嶋さんは振り返る。

生徒たちの違う可能性が見えた

「テストなし、1単位確保、教科会確保、教員は自主的にやりたいという人で構成する」という25年前の総合学習の方針が基本的に正確な方針であり（メンバー全員が希望ではないけれど）、生命力があるからこそ「性と生」はこれだけ長きにわたって続いてきたのではないか、という指摘には「そうかもしれない。それならよかった」と小嶋さんは控えめに話す。その控えめさは、「ほんとにこれでいいっていう確信はどこにもなかった。だから、ちょっとずつやっていく中で進んでいくしかないよね、みたいな感じ」という「性と生」スタート時の実感が今も強烈にあるからかもしれない。

大東学園に入学してくる生徒たちにある、学習に対しての苦手意識や疎外感をリアルに知れば知るほど、「彼女たちにフィットした形の学びというのは、今は見えないけれど、必ずあるはずだと思ってやるしかなかった」と小嶋さんは振り返る。

そんな時、和光高校のある先生に、「大東は総合『性と生』を試験と評価なしでやってるんでしょ。思い切ったことをしたね」と言われたことは驚きだった。「和光では残念ながら成績評価なしの授業は成り立たない」「成績評価がなくても『性と生』の学びに真剣に参加する大東生のことをもっと誇りに思っていい」とも言われたのだ。大東生と学びの関係に新しい光を当て、大東生の可能性を見せてくれるこのような言葉は小嶋さんにとってうれしいものだったという。

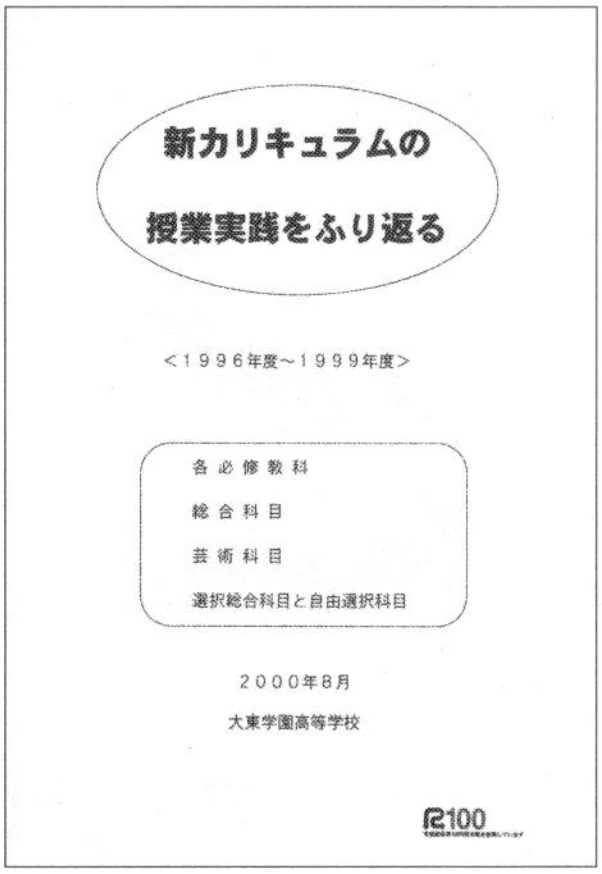

小冊子「新カリキュラムの
授業実践をふり返る」
（2000年発行）

自分にとっての「性と生」

小嶋さんは性に関する現状認識をこんなふうに話してくれた。

―今、ドラマや映画、マンガや小説などで性の多様性などが若干肯定的に語られるようになった部分はある。「アセクシュアル」な話もドラマになった。そういう意味では１９９０年代には考えられなかったくらい性に関する認識が昔に比べて広がってもいる。社会が広げている。―

インタビューの最後に、小嶋さんにとって、この「性と生」という学びはどういう意味を持っているのかを伺った。一問一答形式でお届けする。

小嶋　私は「性教育」というものをしている感覚があまりなくて、生徒たちが自分と他者のセクシュアリティを認めていけることは自分自身がどうありたいのかということに直結すると思ってやっていました。

―教科会で「なぜ、セクシュアルマイノリティを取り上げるか」という議論の時に言っていましたよね。そもそも、自己確立のために、今この学びがあって、その一助になればということでやっているんだって。

小嶋　私が「性と生」に向き合う時はそれしかなかったな。この生徒たちの中にも絶対マイノリティはいる。それを受け入れられるというか、それが当たり前だと思える人になるということが、マイノリティでない人間にとってもとても重要なことだと思っていた。自分と他者のセクシュアリティを認めることは、自分自身のあり方に直結する、だから、アイデンティティ確立のための援助にもなっているといってもいいんだと思います。

―仮定の話なんだけど、小嶋さんがもし、この総合「性と生」というのを担当しなかったり、このことにそもそも関わらなかったとしたらどうだったでしょう。今と大きく違っていたでしょうか。

小嶋　違うと思いますよね。あれだけ気持ちを揺さぶられる出会いがあって、色んなセクシュアリティを持っている人や、自分自身と色んな向き合い方をしている人たちに会ったわけだから。で、生徒がそれに応えたわけだから。そういう出会いがあるとないとでは授業の展開だけではなくて、生徒とのやり取りとかそういう基本的なこともたぶん変わったんでしょうね。

―大きな出会いだったと言っていいでしょうね。

小嶋　はい。高校の3年間で何もかもを変えようとか、授業で教える内容がどうとか、そういった意識が変わりました。授業の記憶なんてたぶん残らない。残るのは人としてどう向き合ったかということなんじゃないかなと強く思うようになりました。

やっぱり色んなことを決めつけなくなりましたね。私が知っていることなんて、こんなことだからっていうふうに思えるようになった。

でもそれは最初からそうだったんですよね。生徒の体験値は最初からわたしの経験値を大きく上回っていたんです。プレハブ時代の生徒たちの生活は厳しいものだったから。それと同様に今の生徒たちの現実も厳しいはずで、教師だからと常に上に立ってなにもかもわかっているかのような対応はわたしにはできなかった。

それでどうなのかと若いころは思ったけど、それでいいんだと思えるようになっていました。

―分かりました。ここらへんで終わりにさせていただきます。ありがとうございました。

「性と生」の授業風景（2006年）

総合「性と生」はいわば「手探り」で始まったと言っていいだろう。通年で性に関する必修の総合学習を行っている学校は、当時の日本には見当たらなかった。そのため、出発当初から授業実践を広く世に問い、たくさんの知恵を借りる必要があった。

「性と生」チームは、メディアの取材、研究者からの問い合わせ、授業見学などに対しては積極的に対応した。いくつかの例を紹介しよう。

１９９７年２月23日の「朝日新聞」には、「女子高で『性と生』通年授業」「生徒も先生も意識変わった」とある。１９９６年４月からスタートした「性と生」の３学期末に近い時期の記事である。

担当の丸山慶喜さんの写真とインタビュー、同じく担当者の小嶋真奈さん、庄山敦子さんのインタビューも掲載されている。記事は1学期からの授業内容を振り返っているが、特に２、３学期の学習テーマの一つであった「性の商品化を考える」に注目し、教員と生徒たちのやりとりを詳しく報じている。東京都の「青少年健全育成条例」改正問題が社会の注目を集めていた時期であったこともその要因の一つだったのだろう。

月刊雑誌『教育』の１９９７年10月号（特集「女の子たちの『いま』」）には、「性は自分のもの―大東学園の総合学習『性と生』と子どもたち―」と題する「性と生」チームの座談会が掲載されている。

また、「参与観察者」としてあるクラスの「性と生」の授業に密着していた東京都立大学大学院生のルポ「生徒の『性』と『生』に迫る実践―大東学園の参与観察者からみて―」が掲載されている。この大学院生は、現在琉球大学教育学研究科教授の上間陽子さんである。

上間さんは、クラスの生徒たちの会話や行動をつぶさに見聞きし、直接会話もして彼女たちの内心をつかんで分析している。そして、「学校の外で子どもが生きているといわれて久しい。学校がオールドメディアに絡め取られ生徒との乖離がますます深まるなかで、このように生徒の状況に徹底的に寄り添える実践の意義は大きい」と評している。

同じ都立大学の学生だった杉田真衣さん（現東京都立大学准教授）は1998年から「性と生」授業で生徒に密着した。院生になってからは、教科会や他の教科の授業も見学した。修士論文のテーマは「大東学園高校『性と生』のエスノグラフィー」だった。

杉田さんは「私は中学校・高校と学校の授業に不適応を起こしていましたが、この授業は、『こういう授業だったら参加したかった』ととても感動しました。生きる上で大切なことを教えてくれ、社会の本当のことを考えさせられる授業…」と書いている（「高卒女性の一二年をとおして見えてきたもの」『ここまで進んだ！格差と貧困』‥新日本出版社2016年‥から）。

一方で、「性の授業は、『生徒を主人公にする』というスローガンで授業をつくるなかで、生徒が自分の言葉で話せる性の領域の話を授業外の話という形で区切らずに、授業で正面から扱うところに魅力がありました。…性をめぐる文化はかなり対立していて、先生が生徒の文化を理解できない結果、逸脱傾向がある女の子を排除してしまう難しさがあると感じたのです」と課題も指摘している。

◉公開研究会のスタート

１９９７年度、「性と生」に続く二つ目の総合「平和」が2年生でスタート、１９９８年度からは3年生の総合「女性と人権」がスタートした。

三つの総合科目が揃ったことを受けて、１９９８年9月に大東学園独自の「学校五日制・総合学習研究会」（翌年からは『公開研究会』と改称）が開かれることになった。外部からの参加者は19都道府県からの１４０人あまりであった。

全体会での教育評論家三上満さんの講演に続き、それぞれの総合学習の研究授業と分科会討議が行われた。

「性と生」の研究授業を担当したのは初めて担当する理科教員の和田敏明さんである。

授業は「あなたは相談員」と題して、「コンドームをつけずにセックスする彼のことをどう考えたらいいのか」「先輩と付き合って妊娠した。どうしたらいいか」という女子高校生からの相談に、どう答えるかを考えて意見交換するという内容だった。

生徒たちは活発に発言し、「教師の意図する『正解』を考えつくかどうかではなく、自由にパッと思いつくことを発言し、それがまとめられてさらに学習が深まっていくという」「いつもの総合らしい」授業であると授業参観者から評価された。

授業に続いて分科会が開かれた。参加者は40名弱。

分科会参加者の感想を紹介する。

●50歳の男性教員が、性と生の授業を担当してやっている姿を目の当たりにして、すごいなあと思いました。

●先生方が明るく、生き生きと元気でいらっしゃることに感動しました。

●「四苦八苦」悩みながら、エネルギーを使って工夫されている姿は素晴らしいものだと思いました。

このように授業の背景にある「性と生」チームの集団的な取り組みを好意的に評価する声が多かった。

「性と生」チームは、助言者として、一橋大学・津田塾大学で「ヒューマンセクソロジー」の講座を担当しておられた村瀬幸浩さん（当時研究団体「性教協」代表幹事）を迎え、公開研究会の準備と当日の分科会討議においてたくさんのアドバイスをいただいた。

村瀬さんが寄せてくださった「さらに充実を」と題する講評を紹介する。

＊＊＊

「表題に『さらに充実を』と書いたのは『感情の深まりを通じて理論化へむかう』ということを言いたかったからです。／感情の深まりとは、望まない妊娠をしたことの感情、産む産めないの不安ととまどいの感情の言葉化、言葉によって感情を深め合うこと、そしてその感情を相手に伝える、あるいはそういう立場に立たないためにどう表現するか、その関係性とセックス観の問題に学習は進むだろうということです。／総合学習の利点を活かすとすれば、中絶問題を『核』として、性のさまざまなことがらをまさに総合的に扱えることになるでしょう。／生徒たちの思考力をさらに磨いていくためには、そうした方向性をもった学習展開が求められるように思いました。」

＊＊＊

その後公開研究会は、普通教科も含めたものに拡大し、２０１０年に三者協議会の公開研究会に形を変えた。

インタビュー4

武藤由美さん

（1990年～　英語科）

大東学園に来るまで

武藤由美《むとうゆみ》さんは1990年に大東学園に英語科の教員として就職した。

もともと武藤さんは自分の中高生時代の体験から、教員というものを、生徒に差をつけるために無理やり競争させる存在だとネガティブに捉えており、自分の職業の選択肢には入っていなかった。

大学卒業後一般企業に勤めたが、「ブラック企業」並みの激務で体を壊し、退職した。

進路相談をした大学のゼミの先生の「武藤さん、教員になったら。教育実習の時見たんだけど、武藤さんは教員に向いているんじゃないかと思って」という意外な言葉もあって、私学の非常勤講師になったという。

非常勤は1年契約で雇用が安定しない。とにかくどこか専任になろうと考えていたところ、声がかかった何校かの一つが大東学園だった。あまり深く考えず、嫌だったら辞めるかなどと思いながら就職した。

大東学園教員になる

3月、最初の校内研修で訪れた私学研修センター（八王子）では、建物の外で大東学園教職員組合の先生たちが「解雇撤回」を訴えて集会を開いていた。「これはとんでもないところに来た」と驚かされたという。

さらに、学校がはじまるとすぐ、職員室でも校長の席に教員たちが詰め寄って抗議していたのだ。武藤さんは、「目が点とはあのことですよ」と振り返る。同期で採用されたメンバーの中には、早々に退職してしまった人もいた。

授業が始まると、それまでに自分が出会ったことのないタイプの生徒に出会ってびっくりした。1クラス55人という人数にも驚いた。

初めての授業で声が震えていた武藤さんに、生徒が「先生、初めてなんでしょ?頑張りなよ」とか、「大丈夫だよ、どうにかなるよ」と声をかけてくれたことも覚えている。

武藤　意外と「話せばどうにかなるのかな」みたいな感じだったりして。生徒も見かけじゃないなっていうのは、割と早い段階に思いましたね。

あとは何と言っても、職場の居心地がいいということをものすごく感じたんですね。最初に就職した職場とは大違い。人を傷つけるようなことが全然ないし、みんな優しいし。あと、こんなに自分らしくいてもいいのかって思えるぐらい、素の自分でいられた。

武藤さんが教員になった翌年の1991年、理事長・校長を兼務していたO氏は退任し、菅野亨一さんが校長になる。大東学園は大きな変化を遂げていく。

初めての学級担任　大改革の頃

1993年、学級担任になった。原健さん（現校長）も同じく初めての担任として、後に校長になる池上東湖さんが学年主任をつとめる学年に所属した。

この学年では、「いいんだよ、自分の好きなようにやれば」と、本当に自由にやらせてくれたことを覚えている。

武藤　池上先生は学年会では新人もベテランも同じで、全員が発言するようにということを常におっしゃっていました。全員が発言するので、制限時間が2分とか1分とか決まっていました。ただただ参加しているだけじゃなくて、なんか言わなきゃいけない、考えなきゃっていうんで、緊張感がありましたね。その代わり意見を言うと、それは対等平等に扱ってくれるので、「私も頑張んなきゃ」みたいな、そういうことを思える学年でした。

校長と理事長が交代するという学園の大改革。武藤さんは教育の分野で新しいことがどんどん始まったなと言う実感があるという。持ち上がった3年生での九州修学旅行の折、長崎市内で少しだけだが自由行動の時間ができたこと（1994年5月）と、卒業式が平場での対面式になったこと（1995年3月）が印象に残っている。

「体育館の壇上を使うのをやめて、卒業生と保護者と在校生、教職員が同じ平面で対面する形式の卒業式にしましょう」という案が、高校2年の11月の学年会で初めて提案され、論議を重ねて学年としての提案をまとめ、職員会議に提案して実現していくという、大東学園では初めて経験した民主主義的なプロセスを学んだ実感がある。

「性と生」との出会いと参加

総合「性と生」がスタートするのは1996年からだが、同じ学年に準備委員をしていた丸山慶喜さんがいて、いろいろな準備状況などが「ビンビン分かってました」という。

丸山さんは隣の席にいて、「武藤さんも一緒にやろう。面白いよ」などと話してくれたり、誘ったりしていたのだが、武藤さんは「絶対嫌だ」と思っていた。

武藤　聞かない、聞かない、絶対嫌だから聞かない、誘わないでって感じです。最後は怒って、「やりませんから!」とか言っていました。

武藤さんが総合「性と生」に強い拒否感を持っていたのはなぜだったのか。このインタビューで振り返ってくれた。

武藤　30代前半で自分の生き方に迷っていたんですよね。自分の人生に迷う時期だったので、「性と生」とか言われると、ちょっと混乱してしまって「無理ですよ」っていう感じでしたね。それと、「性と生」という科目では、自分のセクシュアリティについて生徒に赤裸々に話さなきゃいけないのかと思っていたからなんです。「例えばさ〜」とか言って、自分の体験談なんかを話すんじゃないかと思っていた。

「性と生」チームの誰かに「自分のことを話さなくていいんです」ときっぱり言われて、武藤さんはとても驚いたという。それまで拒否感を持ちながらも、「性と生」チームのメンバーや生徒たちが楽しそうにしている姿はまぶしく、羨ましいものとして映ってもいた。授業で自分のことをしゃべらなくていい、ということを確認し、「じゃあ」とオファーを受け入れた。「性と生」が始まって2年経った頃だった。

授業の中での生徒たち

武藤さんは「性と生」をティームティーチングではなく、クラスの半分を担当するという形で担当した。当時は女子校時代だった。同性ということもあって、授業で性や健康に関する「ぶっちゃけ話」が飛び出すこともしばしばあった。あわてて、「ちょっと待った、これ内緒だからね」と注意をしながらみんなで聞き、意見やアドバイスを言い合い、「お悩み相談室」のようになってしまうこともあった。

こういう経験をしながら、武藤さんは生徒たちの中にある「壁」が低くなっていくことも感じた。教室にはいろいろなタイプの生徒たちがいる。キャピキャピと「はっちゃけた」言動をする生徒たちも、発言せず下を向いて人と目を合わせないようにじっとしている生徒たちも。

毎回授業の最後に感想を書いてもらう。ある時の感想に、「あの人たちすごく怖いと思ってたけど、意外とそうでもなくて、考えてることは私とあんまり変わらないと思いました」「でも、このことは本人には伝えないでください」という小さな字でびっしり書かれたものがあった。

その後別に目に見えるような変化はなかったが、このコメントは印象に残っているという。授業は不思議な交流のある時間であり、ドラマのようでもあったと武藤さんは振り返る。

そういう中で、「自分のことは話さない」はずだったのだが、武藤さんは過去の性被害経験を思わず生徒に話してしまったことがある。

武藤　私泣いちゃって、生徒も泣いちゃってたような気がする。

思い切って被害を打ち明けた時に「あなたが悪い」と家族から言われた経験も話した。武藤さんの話をシーンとして聞いていた生徒たちは「先生は悪くないよ」と言ったのだ。

武藤　それで自分の中の傷が癒されたというか、何て言うか。これで自分は悪くなかったんだって、生徒に言われて自分もそう思えた一つだったのかな。

生徒たちは「性と生」の授業内容を「自分事」として捉えてくれた、と武藤さんは振り返る。

「性と生」の意味

「性と生」の授業は、生徒たちが自分の意見を述べ、考えを表現する大きな機会になっていると武藤さんは指摘する。そのことは、思春期から青年期に入っていく彼らにとってはすごく大きな意味を持つことなのではないかと、と武藤さんは言う。

武藤さんに総合「性と生」を担当した経験の意味するものを聞いた。

―結構波乱万丈な経験でしたね。この「性と生」という授業は。

武藤　自分としても、ものすごいターニングポイントでした。大東に来るということ自体も、自分自身の生き方を考える上ではものすごく大きな分岐点だったし、大東で勤め続けると決めることもそうでしたが。「性と生」を教えるということ自体も、自分とは何かを考える、ものすごく大切な時間だったなと思っています。

武藤さんは、この「性と生」というテーマが時代に関わらず普遍的なテーマだと考えている。そして、多様性に関するポジティブな認識がこんなに早く広がるとは、「性と生」が始まった20世紀末には全然想像できなかったとも言う。

けれども、まだまだ克服しなければならない問題として、多くの人に刷り込まれている「ルッキズム（外見に基づく差別または偏見）」や、可愛いことが至上のものとされる考え方や、「ＪＫブランド化（女子高校生を性的商品として記号化すること）」、などの問題を挙げた。

武藤　女子高校生を「ＪＫ」って言って特別なものにして、大人扱いしないで、男性などと対等平等の立場に立たせないようにしているじゃないですか。そのことは本当に厄介で、当事者もそれで甘えちゃうところもあるし、実際に大きなお金が動く「商売」になっているんですよね。それと、男の子でも女の子でも、その文化に合わせて演じなきゃいけないところがあって、本当に大変そう。

—総合の学びは、本当は自分がどう考えるかというのをもっともっと積み重ねていく必要があると思います。「性と生」も「平和」も「人権」も。「あなたの考えを作ることが最も価値あることなんだ」というメッセージを、3年間ずっと貫き通していけたらいいと思いますけど、なかなか難しい。

武藤　いろいろ言ってもいいというか、いろいろあって当たり前みたいになるといいですね。今年も「性と生」チームに初めての人も何人か入ったりして取り組もうとしていることは、学校の活性化にもつながるし、すごいいいことだと思いますよ。

でも、油断していると危ない危ない。自分も含めてだけど。職場でふとした瞬間に、「えっ?」って思うような発言なんかが耳に入ったりしますもんね。

—セクシュアリティに関わらず、人権尊重という観点からすると、思わず「えっ?」って思うようなことって、学校って出てきやすいですね。

武藤　学校文化ってちょっと独特だから、それはそうだなってすごく思います。

―やっぱり絶えず集団的に学ばないとダメですよね。それはつくづく思う。

武藤　油断大敵ですよね。

―最後に、この「性と生」に期待することを教えてください。今まで言ったことと被ってもいいです。

武藤　生きる上での永遠のテーマだから、この授業を通して生徒と向き合う機会ってすごく大切だと思うんですね。一教師としても、一人の人間としても。だから、そういう貴重な時間をお互いに有意義に過ごしていけたら、永遠に過ごしていけたらいいなとは思いますよね。「性と生」を教えるようになると「先生」ぶらなくて済む、偉ぶらないで済む、本当に。それは自分にとってもありがたいことだなと思います。

―では、ありがとうございました。

インタビュー5

池上東湖さん

（1975年～2004年　数学科）

池上東湖《いけがみとうこ》さんは、1993年発足の『教育計画委員会』の責任者となり、教頭時代の1998年には「学校5日制・総合学習研究会」と題した公開研究会を開催するにあたって大きな役割を果たした。

1994年、「総合学習導入」「必修科目減」「選択科目増」と「完全学校五日制」を柱にしたカリキュラム改革方針（教育計画委員会第二次答申）が発表された。

その内容は学園外でも広く注目された。全私研（全国私学夏季教育研究集会）で、参加者が250人もの特別分科会で報告を求められたのを皮切りに、全国各地の研究会や組合などから報告・講演を求められたりした。

1996年に総合「性と生」が始まってからは、さらに多くの要請があり、それに応じて報告に行った教員はのべ30名にもなったという。

小冊子「大東学園『学校5日制・総合学習』研究会記録集」（1999年発行）

教育計画委員会の答申をめぐって

—下手をすると学校五日制が、教育改革とは結びつかず、各教科の時間減くらいでお茶を濁してしまうという可能性もあったわけですよね。

池上　1993年に菅野さん（菅野亨一さん、当時校長）が、「もう完全五日制で行く」と運営委員会に提案した。私はその前に聞いていたけれど、提案したら皆、ポカーンとしてましたね。いま考えると、すごい問題提起だった。

―それから先は、単に時間削減じゃなくて、どういうカリキュラム改革と結び付けていくのかという議論が非常に豊かでしたね。

池上　そうですね。あの時は自分たちでカリキュラムを作るんだという気概と意気込みがあって、すごく新鮮でした。

―で、総合学習を取り入れる、選択科目を充実させる。それから、必修を削減するということなんかと一緒にやっていったんですよね。

池上　教育計画委員会の中では、最初、総合は「週2時間、2単位」で提起したんです。

―そうだったんですか。

池上　2単位で。最初は抵抗があって、これの決着をつけるのに、かれこれ1年かかった。最初2時間の提案で、最後に1時間にしたから辛うじて合意を得たんだと思います。

その合意の取り方については物凄く苦労しました。職員会議でも突然出したら蹴られちゃうこともあるんで、ゆっくりやらないと。合意を取るというのは、僕らは初めてでしたからね。

―なんせ、民主主義的な学校運営に慣れてなかったですよね。

池上　慣れてないです。笑い話なんだけど、職員会議を30分延長するかしないかが改革後の職員会議の最初の決議でした。で、論議しているうちに、30分時間過ぎちゃったりして。

―そうそう。覚えてます。で、もう一回延ばして決議したりしてね。今までずっと、言われた通りしかできなかったですもんね。

池上　やっぱり経験が無かったんですね。あの頃のことで覚えているのは、生徒たちが「先生たち明るくなったね」って言ってくれたことです。

―改革の前と後を見比べた講師の方が、「職員室の空気が変わった」と言っていました。

池上　そうだと思います。
辛かったのは、やっぱり何よりも、教員が辞めていくことでしたね。1991年でもたくさんの人が辞めましたから。もう辞めると決意した人だと、引き止めることができなかったんですよね。

―91年当時だと先が見えないですもんね。

池上　はい。これは辛かったですよね。

公開研究会は和光学園の丸木政臣さんの提言からはじまった

池上　和光学園の丸木政臣さん（学園長）が、1991年の学園改革から大東のことを色々心配してくれて、評議員もやってらっしゃった。いつだったかな、評議員会が終わった後ぐらいに、「池上さん、この総合や五日制のことは公開研究会でやった方がいいよ」って言ったんですよね。

「いやあ、和光なら『生活教育』の実践校で人は来るだろうけど、大東でやっても、聞き手がいないんじゃないですか」って僕が言った。そうしたら丸木さんは「相手が受けるかどうかは別としてね、これはね池上さん、良質な募集になるんだよ」って言ったんです。

―生徒募集ですか。しかも良質な。

池上　そうです。宣伝して、来る人は来る。来ない人でも「あんなことやってるのか」ということで頭には残る。だから、広く宣伝するといいと言うんですね。

―なるほど。丸木さんからそう言われて、池上さんは考えを変えて「やろう」と学校の中に提案するわけだけど、提案しても、皆なかなか「うん」とは言わないでしょう。

池上　確かにみんなが「うん」とは言わなかったんだけども、「性と生」をやっている人や、よそへ報告に出て行った人たち、結構主任レベルでもいたんですよ。その人たちは「すごい」と言われて帰ってきて、自信も持ち始めていた。

そこにきて丸木さんの影響力も大きかった。「丸木さんが言うならやってみるか」と。そういうような感じでしたよね。

―丸木さんの後押しは助けになったんですね。

池上　良く分かんないという戸惑いはあったと思うけど、主任などのメンバーの中では、「まあやってみるか」というふうになった。そういうところで、校長の菅野さんが、「やるよ」と言う。菅野さんがいろいろと意見を聞いて考えて「やるよ」って言ったら、これを「そんなの無理だ」っていうふうにはならない。あの人の人格的な力。

―人徳というべき力ですね。

池上　人徳があって。そこで「やってみよう」となったんですね。やるとなったときに、担当者はもう必死でしたよね。初めてのことだから。

―第1回開催が1998年。丸木さんが「平和」の助言者になり、村瀬幸浩さんに「性と生」を、「女性と人権」は吉田和子さんにお願いしたんですね。

池上　そうです。最初の記念講演をどうするかという時に丸木さんが「俺が講演やってもいいよ」って言ってくれたんです。助かりました。1回目の公開研究会は公開するクラス以外は自宅学習にしたんで、公開クラスの生徒が来るかな、来てくれるかなというのは心配でしたね。

1999年の第2回研究会は、「大東学園公開研究会　テーマ『総合学習と授業づくり』」と題して開催された。その後、公開研究会は他の一般科目も含んだものに広がり、2010年からは三者協議会を公開し、研究会を開くという内容になっている。

総合「性と生」が生み出した変化

池上　私なんか最初「性と生」の授業にジャガイモと石を持って行った。

―それは無生物と生物の違いを考えるということだったんですか？

池上　そう。そこからやらないといけないと思っていたから。「いつになったら人間の性に入るんでしょうか」なんて教科会で言われたりして。

あとは、たとえば、予習して行くじゃない。だけどちょっと質問されると、こっちの確信がグラっとするのよ。それで、「次の授業までにもう一回勉強してくるよ」と生徒に言う。

―それは専門教科の時にはめったに言わないセリフですよね。

池上　これは何回もあるわけ。生徒は寛容で、「先生、それがいいよ」って言ってくれる。あと面白かったのは、夜遅く残っていると電話がかかってきて、「性の先生いますか？」って。

―「性の先生」って表現、聞き方によってはちょっと変ですね（笑）。

池上　そうですね。他の学校の友だちの相談にのってくださいという内容、そういうのもかかってきたりしました。

―そういう電話の相談って、友だちって言ってるけど自分だったりするんですよね。でも大事なホットラインですね。

池上　「性と生」や他の総合科目を担当して、私は数学だけの世界より本当に世界が開けたと思いますね。あと、忘れてはいけないと思うのは、総合科目を通じて生徒と教員の関係性が変わっていったことです。

―というのは？

池上　まだ三者協議会（２００３年に第１回）をやる前のことだったけど、二者協議会で、生徒から「先生たち、もっと予習してほしい」っていう要求が出たんです。生徒の要求をよく聞いてみると、総合をやっている先生の授業は、色々資料を集めたり、ビデオを持って来たりするんだけど、その同じ先生が、自分の教科の授業は、ずっと昔の古いノートを見てやっている。そこを指摘したんですよ。

三者協議会の概念図

―総合「性と生」が、生徒たちの中で、我々の予想しなかった変化を生み出していたんですね。

池上　そうですね。それと、その生徒たち「性と生」1期生が、1年目だったかな。ちょうど東京都の「淫行防止条例」というのが出て。

―正式名称は「青少年の健全な育成に関する条例」ですね。

池上　それに関する東京都主催の高校生シンポジウムの声がかかって、大東からも生徒7、8人が参加したんですよ。で、やっぱり「援助交際」をめぐる論議になった。グループで議論したんだけど、どのグループも「自分はやらないけど、他人がやっていることにあれこれ言えない」という線で終始していたんですよ。

―その人の勝手じゃないかという論ですね。

池上　その時、うちの生徒が「その人の自由」で済ませていいのか、と一歩踏み込んで問題提起した。その結果、6つくらいあった分科会で、4つは大東生がまとめの発表をした。これで生徒たちは自信を持ちましたね。

外に出て行って話して、また励まされて帰ってきた。そういうバックもあって、生徒たちの変化があったのは事実。だから、そういう生徒の考え方も反映して、教員たちも生徒の見方が変わるわけですね。

総合「性と生」に

―なるほど。さて、インタビューの最後に総合「性と生」に励ましの言葉があったら是非お願いします。

池上　最初の頃はなかなか「性と生」の11名、または12名のメンバーを確保するのが大変で、2、3人は決まらなくて、お願いしたりしたんだけど、最近変わってきて、若い人たちがどんどんやっているのはいいなと思います。

やっぱり、「性と生」という科目などは早いうちから経験した方がいいと思います。自分なんか晩年にそれを経験したわけだけど。

それが教員としての幅を広げ、生徒の見方を豊かにしていくためにはいいんじゃないかなと思います。

―ありがとうございました。

三者協議会全体会と生徒たちのとりくみ
（2022年学校案内から）

公開研究会報告集のいくつか

エピソード⑤　2003年男女共学化と「性と生」の新しい課題

　1999年、男女共学と福祉コース設置の検討がはじまり、教職員間での激しい論議を経て、2003年度からの男女共学の実施が決まった。

　男子が来る。初めての事態にどう対処するか。総合「性と生」でも検討チームを発足させ、これまでの確認点を引き継いで発展させる形で次の点を確認した。


【基本的な立場】

　高校生の恋愛を否定しない以上、高校生の性交を禁止的にはとらえない。しかし思慮のない性体験については、大人として真剣にアドバイスしていく。また、「性と生」という巨大で複雑な問題に対して生徒とともに真剣に考え学んでいく。


【授業スタイル】

　男女一緒に学ぶことを基本とし、必要に応じて男女別ということもありうる。


【留意点】

　これまで『女性は被害者、男性は加害者』という図式になりがちだった。(特に性被害・犯罪、望まない妊娠その他に関して）そのままでは男子は参加しにくい。授業の進め方を見直し、工夫をしていく。

　女子、男子の性的欲求を否定的にとらえさせない。自然なものとして向き合い考えさせていく。


　こういう基本線で男女共学初年度を迎えた。

　1学期が終わった段階で振り返りをし、学年末にも総括をし、２００４年度には共学化以降の2年間を振り返った。それらをまとめて紹介しよう。

一部で心配されていた女子生徒の男子生徒への拒絶感は思ったより少なかったことが報告された。考えてみればほとんどの生徒は、中学時代男女共学を経験しているのだからこれも当然だと言うべきなのだが、経験していない私たちにとっては新鮮な経験だった。

大きな問題点として報告されたのは、男子生徒に顕著に見られた性の学びに対する拒否感・忌避感だった。

「教員の口調に乗ってしまって性に対する興味関心があるということを周りに気付かれるのは嫌だという感じ」という報告がある。この場合は「忌避感」が「性に関心があると見られること」に対するものでもあるという指摘である。

授業内容自体に対する男子生徒の忌避感・拒否感もあった。私の印象に残っているのは「性と生」の授業が終わってＨＲ教室に戻ってくるなり、真っ青な顔で「先生、オレもう吐きそうだ」と机に突っ伏す男子生徒の姿である。これは、生徒の母親くらいの年齢の女性教員が、男女一緒の教室で身体の性機能について具体的に説明した後だった。一緒に学んでいた女性生徒には特に拒否的な反応はなく、何人かの男子生徒だけの反応だったが、これまでの女子高時代には経験したことのないものだった。

吐きそう、と言っていた生徒にわけを聞いて見ると、「先生、オレのお袋みたいな人が、『男性の性機能は』、とか言って大きな図を出して説明するんだよ。自分の体がみんなの前で見世物にされてるみたいで、気持ち悪くなった」とのことであった。

男女共学初年度の２００３年度は、「男女がともに学ぶ性と生」という点を「固く」考え、1クラスを半分に分けた学習単位を崩さなかったのだが、男子生徒の反応はそれを再検討する必要性を提起するものだった。

どの教員も生徒との関係づくり、緊張感の緩和に苦労しつつはじまった男女共学初年度だった。しかし、1学期の最後に生徒にとった感想やレポートの内容からは、生徒たちがそれなりにこの授業を楽しみ、学んだことの意義を見出し始めていることがうかがえた。

これらの経験をまとめて、「共学カリキュラム(新カリキュラム)を実践して」という総括文書では、次のように指摘している。

・学習単位の固定化が、テーマ、状況によっては生徒の学習参加をさまたげることもある、ということ。

・特に1学期の性機能分野。まだ教師と生徒との関係性も安定せず、生徒同士の関係も不安定なときということもあるが、主として男子生徒の性機能学習への拒否感というものを無視できない。

・男女ともに、生徒同士でのコミュニケーションは不足している。特に、真剣・まじめなテーマでの意見交換は、教育的に機会を作らない限り絶無。

・男女別の学習の機会は、男女相互のコミュニケーションのためのワンステップになるということ。

・さらに男女のコミュニケーションを豊かにするためには、私たちの橋渡しが必要だろうということ。

そして、「性機能学習での一定の拒否感を分析し、乗り越えていくこと」を今後の課題とし、「性機能分野にとどまらず、男女別、合同の学習を柔軟に取り入れていく必要がある」と方針を立てた。

こうした総括と方針を受けて、男女共学の翌年

２００４年度は、全体としては「男女ともに学ぶ」という線は崩さないものの、学習の場面に応じては男女別の学習単位も取り入れることになった。

その後、諸外国の性教育事情に明るい専門家から、ドイツでも男女がともに学ぶ際の留意点として、羞恥心や拒否感・忌避感を軽視せず対応を考えているという経験を聞いた。私たちのささやかな経験と相通じるものだ。

さらに、
・ジェンダーを学習のひとつの柱にし、深めていくこと。
・2学期以降の学習（社会の中の性と生）を、「私たちの作り上げていく人間関係のありようをともに考える」という大きな柱で貫いて、教材・指導法を練り上げていくこと。
などの課題も示した。

これは、こんにちまで生きている。


男女共学初年度は、生徒たちの声を聞き、それを授業づくりに反映させていく「性と生」の基本を改めて見直す機会にもなった。

なお、２００３年度から、最初の授業でアンケートを実施している。それは定型のもので、２０２２年度も実施した。この20年にわたるアンケート結果はさまざまな示唆に富んでいる。別のコーナーで紹介したい。

インタビュー6

堀井由美さん

（1983年～2021年　保健体育科）

堀井《ほりい》（旧姓寺田《てらだ》）由美《ゆみ》さん（大東学園では「寺田由美」の通称使用）は、十文字高校を卒業後、日本体育大学女子短期大学に入学し、2年生のときに4年制に編入した。

編入した理由は、2年間では物足りないと思ったことと、短大だと中学校の教員免許しか取れなかったことだ。短大2年次の教育実習で「先生っていいな」という自分の気持ちを確認できたので、高校教員の資格も取れる4年制への編入を決めたそうだ。

大東学園とのかかわりは水泳教室から

堀井さんと大東学園のかかわりは、当時大東学園が5月に行っていた水泳教室だった。日体大の学生が大東学園の体育教員から指導を受けて、コーチとして参加していた。堀井さんもコーチの一人だった。

そのときに障害を持っている生徒を担当して、その生徒と関わる中で「大東はいい教育しているのかな」と感じたのだそうだ。冬のスケート教室でも「誰もができるように」を目標に、科学的なメソッドにもとづいて指導していく。その「誰もが」が心に刺さった。

堀井　刺さりましたね。生徒たちができるようになって、少しずつ自信をつけていく。大きい自信ではないかもしれないけど、「できた」と生徒自身が実感できていくのを目の当たりにして「大東の教育いいな」って思ったんです。

当初大東学園では体育教員の採用予定はなかった。ところが、卒業を控えた2月、生徒が集まりすぎてクラス数が増え、教員が必要になったとのことで、日体大の先生から「明日面接試験を受けるように」と電話があった。急きょ受験し、採用されたのが1983年のことだった。

当時の大東学園は女子校だった。堀井さんが初めて担任したクラスは55人だった。困難なことが様々あり、2年目ぐらいに「もうやっていけない」と思って辞めようと思ったが、水泳教室やスケート教室の経験や、生徒に教えられたことがいっぱいあったと思い返し、「もっと生徒に揉まれなきゃいけないな」と思って辞めることを思いとどまったそうだ。

総合「性と生」のスタート――まずとにかく学んだ

堀井さんが1996年の総合「性と生」立ち上げに関わっていたことは確かで、準備過程で校内研修のために講師を呼ぶ相談等をした。よく覚えているのは、立ち上げにあたって大東学園の同僚と大勢で性教協（〝人間と性〟教育研究協議会）のセミナーなどに「ガンガン」行ったことだ。性教協の全国夏期セミナーや、都内で開かれた「理論と実践講座」などにも参加した記憶や、そこでの多様な職業、多様なセクシュアリティ、多様な経験をしてきた人々との出会いは衝撃的で印象に残っており、いかに自分が狭い世界にいたのかを思い知らされたという。

男女共学化　男子生徒の声を聞くことの意味

２００３年の男女共学の頃の話を聞いた。

２００３年からの共学化は決まったが、男子生徒についての情報が少ない。男子高校生を知らないことによる「男子は暴力的ではないか」という不安や、女子とは違うという思い込みなどがあった。

そこで男女共学化したいくつかの学校を訪問し、話を聞いた。「ちゃんと対処しないと大変なことになるよ」「廊下や教室の壁は厚くした方がいい」などのアドバイスが多くて、どう接するのがいいのか、どのような課題があるのかなどについての本質的な内容はあまり深まらなかったという。男子生徒との接し方の大切な点は、この後、数年かけて男子生徒に寄り添う中で分かっていった。

「性と生」に関していうと、女子校時代の「性と生」授業のトーンは、「女の子を守る、男の子にも教えなきゃいけない」というものだった。ところが、これまで「外」の存在で、警戒と教育の対象だった男子生徒が入ってくる。学びの内容を検討する必要があった。

共学化を目指すさまざまな検討の中で、「性と生」チームでは「性と生」の中身に関して、男子も女子も対等に同じ人間として学んでいく、まずは「男女がともに学ぶ性と生」ということを確認し、流れや内容は大きな変更をせずにす

2003年4月 男女共学初年度の入学式

すめていった。
堀井さんが「性暴力と性被害」について授業したあと、ある男子生徒が「なんか今日の授業はいたたまれない感じだったよ」と言った。堀井さんは「言ってくれてよかった」と思ったという。男子生徒たちは、そういうところで嫌な思いをしたり、傷つくこともあり、いいイメージがないんだと気づかされた。性暴力被害は、性別や年齢を問わないものであることは知っていたはずなのに、男子生徒のそういう思いを想像することはできなかったのである。

性暴力と性被害の授業で使っている資料、漫画、映像資料などは、男子が加害者で女子が被害者というケースが多かった。自分に自信が持てない男子生徒たちに、「やっぱり男ってだめなんだ」みたいに、こっちの意図しないところでネガティブな自己評価を植え付けてしまったのではないか、彼の「いたたまれない」という反応をキャッチして、そのときに対応ができればよかったと今は思う。例えば、男性の性暴力被害者の存在を知らせることもその一つだ。自分たちの何気ない言動が生徒たちに影響を与えることを改めて知らされる経験だった。

堀井さんがほかに覚えていることは、生活指導面での自分の「癖」だという。同じクラス内にカップルがいて、トラブルがあったりすると、どうしても女の子側についてしまうというのだ。一応どっちの言い分も聞いたつもりでいるが、結局は、「女の子の気持ちを考えてあげなさいよ」となってしまう。よくよく見ていくと男の子の方が傷ついたりしている場合もあることに気づくこともあるのだが。さらに、行事のときなど、性別役割分業的に仕事を割り振ったりしてしまったこともあったと振り返る。それは堀井さんの中にも、生徒たちの中にも染みついたものだった。

男子生徒の物にあたったりする暴力はしばしばあり、暴力で解決しないようにという指導に入る。その中で気づいたのは、同じ人物が集団の中で発言する言葉と、堀井さんと一対一で話すときの言葉が全然違うということだった。そういう経験を通じて、生徒たちの辛さの一つに「演じなければいけない」ことがあるのだと気づくことができたという。

男子生徒との対話をいろいろと積み重ねていく中で、対応の仕方、寄り添い方、生徒が話したいなと思ったときにそのタイミングを逃さずに話を聞くことの大切さなどを学んだ。

また、（男子に限ったことではないが）、生徒たちの傷つきやすさも様々であることを知った。そういう面を知ることで、それまで思い込んでいた「男子生徒像」が変化していった。

堀井さんはこんなふうに話してくれた。

「暴力をふるう生徒も、問題行動を起こしてしまった生徒だって、実は…ってところってたくさんあるわけじゃないですか。そこに気がつけたというのがあると思います。それで変わってきた。こっちのいろんな気づきで生徒への対応も違ってくるし、『性と生』の授業のすすめ方、アプローチのしかたも変化していったと思う。お互いの気持ちを知る、理解していくことなど、関係性を考えていくことにも重点を置くようになっていった」

「性と生」の学びは気づきから

男女共学になった後、「性と生」の授業で学んでいるのに、DVとか生徒同士の恋愛問題も起きている、「性と生」の授業では何をやっているのか、何を教えているのか、というような疑問が教員の一部から上がったことがあった。

当時性教協事務局長だった関口久志さん（後に京都教育大学教員）に「性と生」の教科会に来ていただき相談に乗ってもらった。

堀井さんは、その時関口さんが「それは君たちが学んでいるから」だと話してくれたことを覚えている。「君たち」というのは自分たち教員のことであり、学んでないと気づかなかったり見えなかったりすることの方が多いという意味だった。先生も生徒も学んでいるから気がつくようになっているという指摘に励まされた。

また、人はそんなにすぐには変わらないし、性教育は、「問題を起こさないように教えましょう」みたいな対処的なものではないとも話してくれた。

最初は問題対処型の性教育の発想であっても、子どもたちの健康と安全のために必要な、権利としての教育だと気づくことが大切だ、と堀井さんは言う。

堀井　性の学びって気づきだから、そこからがスタート。「性と生」の授業もそうだったけど。

性の学びは「気づき」からスタートする。だから、気づくための材料を提供することが大切だと堀井さんは言う。「教え込む」のではなく、生徒たちがより深く考えるための気づきにつなげるにはどういう教材がいいのか。教員同士でお互いの考えを共有したり、情報交換して考えていくことはとても大切だ。

気づくきっかけとして、イメージしやすいように数字を提示することもあるが、別にその数字を覚えてほしいというわけではない。そういうのはまたあとから資料を見ればいい問題だという。

堀井　授業の中で何となく持った感覚というか、クラスメイトの発言などから「そうなんだ」と思った驚きとか、「気づき」の経験の積み重ねが大事かなと思います。それが一人ひとりの生き方にも影響を与えていくのではないかと思います。

「生徒とともに学ぶ」教員こそ

堀井さんが教科チーフをつとめた「性と生」の教科会のことも聞いた。

「性と生」の教科会は、ざっくばらんに、失敗したとかうまくいったとか、生徒の反応や様子をお互いに言い合えた。教材プリントなども共有して教材化するなど、「これ使います」とか言いあったりもした。飛びぬけたリーダー的な存在はおらず、壁を作らず、お互いに失敗したことはちゃんと正直にみんなに話せた。それがよかったという。

教科主任の時に苦労したことは特にはないが、気にかけていたことは、教科会の場をみんなが気持ちよく過ごせるかどうかということだった。お互いに学ぼうという気持ちや雰囲気を作っていくことを大事にしていた。

授業の中では、生徒の「先生はこう言っているけど僕はこう思う」という発言をずっと考えていたこともあった。教員によっては生徒に弱みを見せないとか、生徒には謝らないとか様々な姿勢があるが、堀井さんは生徒からの意見や質問に対して、「ちょっと待っててね。考えてくる。調べてくる」と対応をしていたという。

堀井さんが「性と生」を担当することにためらっている教員に伝えたいのは、自分がそんなにいろんなことを分かっていなくても、生徒と一緒に学ぶことで自分のセクシュアリティの見方や生徒の見方が変わっていくということだ。いいことがいっぱいあると伝えたい。

でも一歩踏みだせない人も必ずいる。全国には、「うちの学校にはそういう問題を起こす生徒はいないので性教育はいらない」という姿勢の学校もあるようだ。そもそう思うこと自体経験がなくて狭いのであって、気がついていないだけだと伝えたい。

「生徒と一緒に学ぼう」という気持ちになればそれだけで全然ちがってくる。自分の人間としての幅も出てくる、人間として成長もできる。

堀井　「教え込もう」とかだめなんですよ。「一緒に考えよう」とか「何か気づいてほしい」とかが大事だと思います。いろんな授業のちょっとした積み重ねを通して、例えば好きな人ができたり、恋愛関係じゃなくてもいろんな仕事上のパートナーとかできたときに、その人とどうやって人間関係を作っていくのかとか、そういうことに活かされていくといいなと思います。生徒たちの得る気づきの感覚が、学校という場所での対話の大事さですよね。ただ悲しいかな、高校はいまだに大学受験を中心に考えていることが多い。「性と生」みたいな授業を大事にできる学校が増えてきてもいいのかなって。

「性と生」から得たもの

―堀井さんは「性と生」の担当は延べ何年くらいやったことになるんですか。

堀井　20年以上やっていると思う。もっとやっているかもしれない。途中例えば総合科目の「平和」とか「人権」を持ったときに、1回か2回離れたことはあるけど。

―学年主任で1年生から持ち上がっていったときも、3年生で「人権」を担当しながら「性と生」もやっていましたよね。

堀井　そう、近年ほとんど毎年担当していましたね。

―堀井さんは、この「性と生」の経験の中で何を一番得たと思いますか。

堀井　例えば「性と生」の授業を通してだけでもたくさんの生徒と関わったわけですよね。また多くの性教協の方とか、一緒に「性と生」を担当した教員とか…。もしそれが一切なかったとしたらと考えると、今の自分にはなっていなかったと思います。生き方も考え方も物の捉え方も。

―自分を大きく変えた経験だったということでしょうか。

堀井　そうですね。生き方にもつながる自分の判断とか。そのとき、どうしようかと思ったときの判断や決断の基準など、人との接し方も含めて。それは大きいですね。これが一切なかったらと思うと、「こわー」みたいな。性について学ぶこと考えることは、人権について学ぶこと考えることなんだと気づいたことが大きかったと思います。

―性の学びは、関わった人も変える力を持っているのかなと思いました。

堀井　持っていますね。大東学園で総合「性と生」をカリキュラムに入れたことは、本当に意義のあることだったと思っています。

―ありがとうございました。

2003年男女共学初年度の体育祭（駒沢体育館）

男女共学の「性と生」授業風景（2007年）

エピソード⑥「多様な性」か「性の多様性」か

スタート当初、1学期は、男女の性機能をしっかり学ぶという大筋が「性と生」チームメンバー間で合意されていたが、2学期はそうした合意は明確ではなく、それぞれがより個性的に授業を進めていた。苦労もある一方、発見や喜びも多かったともいえる。

翌年度からの論議の中で、2学期は「さまざまな性と生を考える」という大きなテーマが共通のものとして合意されるようになった。授業内容は担当者ごとに多様なものだった。複数の担当者に共通なテーマは次のようなものであった。

①男女の(ジェンダーの)不平等性を考えるテーマ。

②痴漢など、実際に生徒たちが体験している性被害・性暴力に関わるテーマ。

③「援助交際」売買春など、性の商品化を考えるテーマ。

④あらためて同性愛を考えてみるテーマ、など。

これら全体をつらぬくテーマとして、「より良い人間関係（性的関係含む）とは何だろうか？」という問いがあった。

2000年頃、「性と生」教科会で、あるメンバーから問題提起があった。

「なぜ同性愛とか、性暴力とか、そういう『例外的な人』や性暴力のような『マイナスな事例』ばかりを取り上げて授業をするのか。大多数の生徒に関係あるテーマにする必要があるのではないか」という問題提起だった。このメンバーは、「多数派」である異性愛を学びの軸にしなければならないと考え、2学期にかなりの時間を使って、映画『幸福の黄色いハンカチ』を視聴させ、「愛し合う二人の関係」について考えさせたという。

「なぜ同性愛とか、『例外的な人』を取り上げて授業をするのか」という批判的問題提起を受けて行われた2003年7月の「性と生」教科会での話し合いの記録を読み返してみる。担当者の多くが学習テーマとして取り上げていた「性的マイノリティ」の問題について、学ぶ目的、意義、意味づけなどを交流し合った教科会だった。

まず、論議の前提として、多くの同性愛者自身が「同性愛についての正しい知識を知らせてほしい」、「それは教師というより、この社会を営む大人としての仕事ではないか」と訴えている事実がある。そのことをふまえての意見交換だった。

教科会におけるいくつかの発言を紹介しよう。

同性愛や性同一性障害に関して悩んでいる生徒が必ず教室にいる。／今までの「当たり前」を見直す。異質なものを受け入れるキャパシティを広げることで人間の多様性の理解に資する。／生徒とともに「自分らしく生きること、人を受容し理解することの大切さ」を考えた。それはマイノリティにとってもマジョリティにとっても大事な問題。／この学びを通じて、自分の中にある「異質なもの」への差別・偏見にも気付き、自分を見つめなおしてほしい。／青年期のただなかにあって、自分は何者かという問いを持っている生徒たちのアイデンティティ確立の手助けをすることになる。／セクシュアルマイノリティの問題は、生徒たちの問題と通底する、など。

今読んでも納得できる発言もある。

しかし、「性の多様性はすべての人が織りなす現実である」ということへの言及が一つもないことはもどかしく感じられる。

「なぜ例外的なことを?」という問いには、「性の多様性は『例外的な問題』ではない。すべての人が性の多様性を織りなしているのだから」と答えるのが、的確で本質的な答えだと思うが、私たちの認識はまだそこにはたどり着いていていなかったのだ。

この時期、次のような展開の授業がよく行われていた。たとえば次のような授業展開。

（ア）セクシュアルマイノリティの人びとに対して生徒の持っている認識や俗見、世間で流通している支配的な認識などを言わせる。

（イ）「実はね…」と、教師が独占的に持っている本当の情報を開示するという形で、当事者の声、苦悩、告発などを紹介する。

（ウ）それまでの俗見（あるいは偏見）との落差に気づかせ、自分の認識の変化を反省的に振り返る。

この展開で、（ア）と（ウ）との違いが大きいほど、生徒は驚きを感じる。そうした驚きが多数表明された時、その授業は「劇的効果」のあるい実践であると評価していたのだ。

問題点はいくつかあるが、まず（ア）の段階で、「オカマ」という不正確で対象が明確でない蔑称や、「同性愛なんてキモイ」などの偏見に満ちた発言が何のフォローもなく飛び出し、（教師がどんなことでも思っていることを言うように、と指導しているのだから無理もない）当事者を傷つけることを指摘しなければならない。また、教師がセクシュアルマイノリティを「他人の問題」として捉えていること、差別を野放しにしていること、さらには差別する立場に立っていることを生徒たちに示すことになる。

２０００年頃私も行っていた「多様な性」に関する授業実践は、セクシュアルマイノリティを「特別な存在」として取り上げ、対象化した上で、それらの人びとは決して「特別な存在」ではない、差別はいけないよ、と生徒に納得させるというゆがんだ構造を持ったものであった。

どうしてこうなってしまったのか。

「あざとさ」の弊害もある。必要以上に授業での劇的効果をねらうために、最初の段階での俗見や偏見を「本音」として持ち上げることからくる問題もある。

しかし、もっと根本的な要因があったのではないかと思う。

それは、「多様な性」の学びは「セクシュアルマイノリティ」の学びだと思い込んでいたことである。

「国際セクシュアリティ教育ガイダンス」には、「多様性はセクシュアリティの基本的な（根本的な）特徴」と述べられている。これは重要な指摘だった。また、研究者の方がたからも、マイノリティ当事者の方からも、「性の多様性は、セクシュアルマイノリティだけの問題じゃないですよ」「水野さんも性の多様性を織りなしている一人ですよ」などの指摘を受けた。

「性の多様性は私たちすべて、地球上のすべての人間が織りなす現実である」という認識は、まさに「目からウロコが落ちる」というものだった。学びのテーマは「多様な性」なのか、「性の多様性」なのか。

「多様な性」とするとセクシュアルマイノリティ当事者を説明するという学びになりやすい。「性の多様性」とするとすべての人を対象とした学びが開けやすい。教科会ではこうした論議を経て、「性の多様性」がテーマとしてはっきりと立ち上がった。

インタビュー7

小川明紀さん

（2003年～　家庭科）

小川明紀《おがわあき》さんは2003年に家庭科の教員として大東学園に赴任した。それ以前、私立の中学高校に5年ほど勤務していたが、家庭科の授業時間数が削減されていってしまったことと、結婚相手が同じ学校にいて、結婚したらどちらか退職ということを迫られたことによる。

小川　そう。前時代的な何かにぶつかりました。あと、やっぱり「性と生」の総合学習がすごく大東に惹かれた大きな理由だったと思います。前職でも家庭科の中の性教育的な部分には結構積極的に取り組んでいて、生徒からもこれは必要な授業だというふうに言ってもらえたので。

大東学園に就職した2003年度は、男女共学初年度だった。さまざまな方向に発揮される生徒たちのパワーに圧倒されたという。

総合「性と生」は、その年から担当し、チームに加わった。

「性と生」授業の経験から

小川さんは、5年間共学校で教えてきた経験があったので、共学で何か大変だったという思い出はあまりなかったという。それまで女子しか教えていなかった大東の先生方の戸惑いのほどはいかばかりかと思ったそうだ。

小川　生徒も必要がある授業だと思っててくれたのか、またはちょっとまだ年齢が近くて、「ノリ」的な感じがあったのか、分からないことは結構その場で発言してくれたりするのが多かったので、その場の流れというか、そういうもので展開していっても、あまり困ることはなかったです。

小川さんには「性と生」の授業はおおむね楽しい時間だったという。生徒とのコミュニケーションの取れるクラスがほとんどで、目を輝かせて質問してくる生徒が何人もいた。また、「現金がすぐ手に入るからって友達が『売り』(性売)をやってる」というような、オープンにしていいかどうか迷ってしまうような話をしてくれた生徒もいた。そのように生徒が心を開いてくれることは、ほかの科目ではなかなかないことではないかと思っている。

授業を離れても、「生理が来ない」などの相談を受けることもあった。小川さんは学級担任ではなく「性と生」しか担当していないのだが、学年が上がっても声をかけてくれることもあった。

一方で、事実を伝えても「気持ちが悪い」などと言って机に突っ伏してしまうような生徒が毎年いる。最初の頃はそういう生徒に「そこ大事だから聞いてよ」のように、少々無理強いめいたことも言ったりしたが、最後には授業が苦手な生徒に対しても、「苦手なりに参加してくれてありがとう」という感じになったという。

授業を受ける前は「性と生」というネーミングから、ネガティブなイメージを持つ生徒が多い。最初のそういうイメージから、人間関係や人権や、人間全体について学んだという実感を持つように変わっていく。

そういう生徒は多く、それに励まされる一方で、1年間苦痛だった生徒には何ができるんだろうかというのは、今でも課題だと考えている。
また、「調べる」ことは総合学習にとって大切なことなのだが、調べるための環境が貧弱なことも大きな課題だと考えている。

性教育の「効用」をめぐって

堀井（寺田）さんインタビューでも触れたが、男女共学以降数年たって、生徒間のDVやセクシュアルハラスメントなどの性に関わる問題行動が校内で問題になった。「性と生」の授業をやっているのに、こういう学びをしている学校なのに、これはどうしたことだという声があった。
関口久志さん（当時性教協事務局長）に公開研で助言をいただいたり、「性と生」の教科会に来ていただいたりした。

小川　「性と生」をやってるのに、そういう生徒指導がおさまらないみたいな時ですよね。

―関口さんが言っていたのは、「見えないこと」の問題でした。見ているはずなのに見えてないとか、気づかない、DVだとも思わないということが問題だ。学ぶと見えてきて、「これって問題だよね」って言い出す人がすごく増えてくるから、そのことは自信を持っていいんじゃないかということでした。

小川　気づけるという感度は大事ですよね。言葉になってないものって、言語化できないから、生徒が「これＤＶじゃない？」って周りの子が気にして、声をかけたり、教員に声をかけてくれるとか、そういうのがあると全然違いますよね。今までも、「ジェンダー」という言葉も聞かなかったら、何か女らしさはこんなもんだとか、男は泣くなとか、そういうのも別に気にしないで生きてきたわけだから、そうやって名づけられるってことは大事ですよね。

もう一つ小川さんが関口さんのアドバイスで記憶に残っているのは、「分かる」ことと「できる」との違いだ。大人であっても、喫煙や飲酒の弊害を理解しているはずなのに、行動には移せないことがある。高校生はなおさらだ。

小川　高校生はホルモンバランスとか安定していなくて、自分が自分でないような気がするぐらいになってしまってもおかしくない時期だと思うので、行動のコントロールが難しいんだろうなと思います。脳細胞の働きが違ってて、混乱してるときでもありますよね。だから、卒業生が学校に来てくれると、ほとんどの人は在校生のときよりもすごく穏やかになってるし、大人になってるし、ほんとにこの高校生の時期は台風だったんだなって思うことのほうが多くて。

「性と生」教科会の経験

―この後何年か小川さんは「性と生」を担当していくわけですね。

小川　そうですね。２０１６年が最後に1年生を持った年なんですけど、多分その年まで、育休を取っている間以外は、ほぼ「性と生」を持ってたんじゃないかなと思います。

小川さんは前職の私立高校で、性の学びを重視して家庭科の学習内容に必ず入れていた。大東学園では独立した総合科目として、教科会も設けている。小川さんはその違いとして感じたことがあるという。

小川　だいたい家庭科の教員って、専任が1人と、非常勤が1人か2人ぐらいで、自分以外の何かを知識として入れるとしたら、本ぐらいしかないんです。あとは家庭科の研究会とか。でも、それは別に性に特化しているわけじゃない。大東だと多様な教科の先生方のいろいろな経験値からのアプローチがあって、ああ、そういう考えもあるんだみたいなふうに気づかされることが、前の職場よりも何十倍も多かったように思います。

小川さんはその後「性と生」の教科主任も経験する。10クラスの学年で「性と生」の担当者が10名というのはとても珍しく、贅沢だと感じた。

「性と生」の教科会はまさに教員の学びの場だったと小川さんは振り返る。

それぞれの教員に知識の多い少ないの違いはある。少ないなら少ないなりに、かなり生徒に近い立場で授業できることもある。多かったら多かったで、知識を伝達するという授業になりがちだ。知識が多いことと生徒へのアプローチが上手ということは違う。

「こういう切り口で生徒に声をかけるといいとか、こんなグループワークがあるんだとか、すごく勉強になる場所だった。教科会がないと『性と生』は成り立たない」と小川さんは言った。

教科主任として苦労したり気をつかったりしたことを伺った。

小川　教科会って50分しかないので、その中で「この授業今回はこのテーマでやったけどこうだったよ」とかっていうのをなるべくたくさん聞きたいんです。でも時間の制限があったりして、皆さんの資料の交流とかやり切れないところがあるところは、ちょっと大変だったかなって思います。

他には、3学期に開かれる放課後講演会も一苦労だった。何人もの講演者と日程を決めることが必要なのだが、全講座を聞いてくれるすごく感度の高い生徒もいるし、「どうしても行かなきゃ駄目なの？」と聞いてくる生徒もいるという意識の違いを反映して、最初の方は人が集まらず最後の方に集中してしまうなどの難しさがあった。

学習内容と資料集をめぐって

小川さんは「性と生」で学習する内容が、人権や人間の存在全体と結びついたものになってきていることを感じるという。

小川　セクシュアルマイノリティ一つとっても、数えれば切りがない。性科学でも分かってきたことがまたどんどん増えてるとなると、どれをどう教えても、1年間20時間では収まらないみたいになってくるだろうなとは思います。

――まさにそうです。

小川　「性と生」に関わる普通の書籍でも、テーマが違ってきてますよね。昔の本だとほんとに第二次性徴しか載ってない大型本とかも結構ありましたけど、今読めばほんとにいろんなセクシュアリティ全般っていうのになってる。だから大東でも、2003年よりも教える内容が多分10倍とかなってるんじゃないかな。資料集自体もボリュームアップしちゃいますしね。

——資料が増えました。最新版は82ページあるんです。

小川　結構あるんですよね。ＰＤＦにして、ｉＰａｄで配付とかはしないんですか。

——２０２４年度からそういうふうにしたほうがいいなっていうのを、荻野さん（荻野雄飛さん：性と生メンバー）が、自分のテーマにしているんです。

小川　そうですか。それが実現したら、図表もカラーにしたりとか、いろんな意味で豊かになりますね。

「性と生」の意味

——小川さんは、もしこの「性と生」っていう授業に全く出会わなかったら、何か違いがあったと思いますか。

小川　あったと思いますね。たとえば、教室の中にセクシュアルマイノリティの生徒がいると思って授業しなきゃいけないという意識は、「性と生」での学びを通じてできたものです。

他の面でも生徒との関わりはかなり違ったものになったんじゃないかと思います。より一層、生徒の背景というか、悩みとかがより単純化したものではないんだろうなっていうところには、思い至るようになったかなと思う。

やっぱり性の悩みって結構大きくて、マイノリティであることを苦にして自殺する人って、若者の自殺の結構な割合を占めるので、ほんとにその生徒の人生を授業の中でも肯定していくことができたらいいのかなとは思います。だから、人間の理解に役立っている。性ということだけじゃない理解に役立っているんじゃないかと思います。あとは「性と生」の教科会でいろんな先生の教科ごとのアプローチなんかを聞くことによって、教員としての幅は広がったのではないかと思います。

小川さんは、生徒たちが次年度に入学してくる1年生に向けて書く「性と生」の紹介メッセージに励まされることが多い。

小川　最後の紹介メッセージ、励まされますよ。「レポートしっかり書いてください」とか、「やっぱり、ちゃんと聞いたほうがいい」とか。「何でこれを小中学校で教えないんだろう」みたいなことも。

—ちょっといいこと書こうとするんですよね。先輩として、ちょっと何か背伸びした感じで。

小川　そうですね。

—最初の「性」のイメージが転換していますね。

小川　そうそう。転換はしてますよね。最初に「性」って聞いた時、「やばい、エロい、駄目」みたいなイメージを持つ人が圧倒的に多いけど、それが転換していくというのは感じました。「全然エロくないじゃん」っていう。

ほかの学校の友達にこの授業の話をしたら、「そんなの高校でやってるんだ」って言われたけど、でも「これはすごい大事なことだと思ってる」って言ってくれることのほうが多いですね。

――「エロいこと」から「大事なこと」に転換したんですね。本日はどうもありがとうございました。

創立80周年記念集合写真（2012年12月5日）

「性と生」授業風景（2000年）

大東学園高校中庭の
池に棲むカメ（年齢不詳）

学園の教育目標

◉新入生アンケートから見えるもの

男女共学初年度の２００３年から現在まで、新入生に定型のアンケート調査を行っている。次の10の問いに答えてもらうものだ。２問だけ自由記述で、あとは選択式である。

中学校では何の時間に性の学習をしたか／何時間くらい学習したか／性教育は男女いっしょだったか／性教育で印象に残っていることは(自由記述)／性についての考え方の中から、そうだと思うものを選ぶ／性交について　どのような場合ならしてもよいと思うか／性交とはどういう行為かをおおよそ知ったのはいつ頃か／それは何から知ったか／「援助交際」について／どう考えるか／性についてわからないこと、知りたいこと、悩んでいること（自由記述）

２００３年の回答と、２０２１年の回答を比較して、大きな変化のあった項目を紹介する（表参照）。

何の時間に性の学習をしたか、という問いに対して、「保健体育の授業で」が66・４％から90・６％へと大幅に増え、「道徳の時間で」と「特別の授業で」が大幅に減っている。

「性教育」と銘打った授業がされなくなっている実態が見える。

また、男女別修が大幅に増えていることも分かる。19・０％から68・４％への増加である。

中学校では何の時間に性の学習をしたか	2003年（%）	2021年（%）
保健体育の授業で	66.4	90.6
道徳の授業で	7.2	1.2
特別な授業で	13.2	2.7

性教育は男女いっしょだったか	2003年（%）	2021年（%）
全部いっしょ	34.5	15.1
ときどきいっしょだが別が多い	17.2	11.7
ときどき別だがいっしょが多い	4.3	4.8
全部別	19.0	68.4

定型アンケート結果（抜粋）

さらに、「性交は何から知ったか」という問いに対して、「友人」が38・5%から72・8%に激増し、反対に「性教育」は40・2%から7・5%に激減している。2003年以降の「性教育バッシング」と学習指導要領の「歯止め規定」による公立中学校における性教育の後退を目の当たりにする思いである。

他にも注目すべき変化を示した回答を示す。

「性交は人間にとって大切なものだと思う」は、40・2%から74・3%へ。「どのような場合ならセックスしてもよいか」に対して、「結婚の約束をしていれば」が8・9%から27・4%へ。「他人に迷惑をかけなければ」が13・2%から33・8%へ、「成人していれば」が3・7%から17・6%へ、また、「おたがい合意していれば」も44・3%から86・3%に激増している。これらの変化については考察が及ばない。

◉1年間の学びを経て
―「性はエロいこと」から「大切なこと」へ―

3学期末のレポートに「今度入ってくる新入生に向けてこの『性と生』の授業を紹介してください」という欄を設けた。生徒たちは後輩に向けてということで、ちょっと背伸びした感じで書いてくれた。そこには生徒たちの変化がうかがえる。いくつかを紹介する。

○今まで知らなかったことを知ることができたり、世の中を知る経験ができたと思います。しっかり授業は受けた方がいいですよ。

○ためになるし、知ってて損はしないし。最初は恥ずかしい授業だと思ってたけど、楽しかった。日本の学校はもっとこういう授業を増やしていいと思った。

○「性と生」は自分が思っているよりもいい授業なので、真剣に受けることをお勧めします。

○エロくない。めんどくさいけど楽しい。

○中学の授業では習わなかった沢山のことを知れて良かった。これからのことについて少しは知識がつき、悲しい未来にならないようにできると思う。とてもためになる授業ばかりなので、1時間1時間を大切にしてほしい。

○レポートがめんどくさいけど、おもしろい授業。他の学校ではやらないことだし、将来の自分のためにもなるから受けといて損はしないと思う。

○性と生の授業なんてやったことがない人が多いから、恥ずかしいとか思ってしまうけれど、全然恥ずかしいことはないし、何回も授業をやってると何とも思わなくなるから安心してほしい。ただしレポートが多くて大変だと思うから頑張ってください。

○私も一個上の先輩のメッセージを見ても、「そんな訳ない」とか思ってたけど、女子も男子もしっかり学ぶべき授業であると思うし、授業の中でド・ストレートに「下ネタ」（?）出てくるけど、知らないこともたくさんあって驚いたから、絶対ためになる授業だから、しっかり学ぶべし！

○性と生の授業は少し抵抗があったけど、授業を受けていく中でとても勉強になることがたくさんあってためになった。自分が間違えて覚えていたことやまだ知らなかったことも授業を通して知れてとても良かった。少し抵抗があるかもしれないけど、全てが自分のためになるのでしっかり取り組むことが大事だと思います。

○この授業は今まで恥ずかしいと思っていたものや、気持ち悪いと思っていたものが、完全に考え方を変えさせられる授業なので、まじめに受けた方が良いと思います。

○最初、自分はイヤな授業だと思ったけど、先輩たちのメッセージを見て大切な授業なんだなあと思い、しっかり受けていました。将来に役立つことを教えてくれるのでとても良い授業だと思います。

○思ってたよりくそ楽しい。

○難しい内容が多かったけど分かりやすかったからしっかり理解できた。

○「性と生」の授業は見た目だけで見ると恥ずかしそうに思えるけど、実際に授業を受けてみると勉強になるので受けてみてください。

○自分の知らなかったことがたくさん知れて良かった。学んだことを将来に活かせたらいいと思った。「性と生」という授業を初めて聞いた時は、どんな授業なんだろうとか、今までそんな授業をしたことがなくて不安、と思う人がいるかもしれないけど、この授業は自分が知らなかった知識を身につけることができると思うから、しっかりと学んでほしいです。

○最初は「キモ」ってなったけど、大切な授業だと思う。
○始めは恥ずかしいかもしれないけれど、自分のためになると考えてみれば大切な授業だと思えると思います。
○「性と生」は男女の体の仕組みだけでなく、「売春、買春」と関連することも学べて、最初は恥ずかしいとか思うかもしれないがホントに真面目にしっかりと学べます。
○新1年生の皆さん、「性と生」の授業は、エロいイメージを持っている人も多いと思います。でもぜんぜんエロくないので安心してください。逆に色々なことが学べる大切な授業です。
○最初は「きもちわるい」とか「あまり聞きたくない」とか思うかもしれないけど、これから社会で生きていくなかで大切なことを学べる授業なので、がんばって授業を受けてください。
○この授業では、みんな最初に恥ずかしみのある言葉「SEX」などの言葉がでてくるよ。けど、それで笑うのは子どもだと1年間を通して学びました。だって、1＋1＝2と言って、みんな笑わないよね？　それと同じで、この授業は性について、そして未来の自分に必要な知識が学べるので、恥ずかしいとは思うけど、知ってないと損をするのは自分なので、しっかりと自分の知識にしてくださいね‼

これらのコメントから共通点が見える。

授業前は「性と生」の授業を「恥ずかしい内容、エロい内容、キモい内容」ではないかと身構えていること。

自分のイメージしていた「性教育」の範囲は狭かった、「性と生」はとても幅広いと感じていること。

授業を受ける中で、性が「エロいこと」から「大切なこと」に変わっていること。

生徒たちは「性と生」の学びの中で、確かに変化したのだ。

	2003	2004	2005	2006	2007	2008	2009	2010	2011	2012	備考
中学校では何の時間に性の学習をしたか。											
a保健体育の授業で	66.4%	72.9%	76.2%	79.4%	78.6%	78.6%	78.6%	78.2%	79.1%	83.6%	
b道徳の授業で	7.2%	2.7%	5.9%	1.3%	4.8%	4.8%	3.5%	3.2%	8.3%	2.2%	
c特別な授業で	13.2%	9.0%	9.4%	5.6%	8.0%	8.0%	6.9%	5.8%	4.6%	4.4%	
dやらなかった	10.6%	12.7%	6.6%	10.6%	7.7%	7.7%	9.7%	10.4%	12.4%	7.6%	
eその他	2.0%	3.6%	2.0%	0.6%	1.8%	1.8%	1.3%	1.2%	1.0%	1.1%	
何時間くらい学習したか											
a1～3時間	37.1%	45.2%	36.7%	37.5%	44.0%	44.0%	38.1%	40.0%	36.3%	39.3%	
b4～6時間	10.1%	9.0%	20.7%	14.4%	17.0%	17.0%	16.7%	21.3%	19.5%	19.3%	
c7時間以上	4.0%	4.5%	2.0%	3.8%	3.6%	3.6%	3.1%	2.3%	4.9%	5.5%	
d覚えていない	32.5%	25.3%	28.9%	35.6%	29.8%	29.8%	39.9%	19.6%	32.4%	28.0%	
性教育は男女いっしょだったか											
a全部いっしょ	34.5%	34.4%	40.6%	28.8%	33.3%	33.3%	33.6%	27.4%	25.8%	17.8%	
bときどきいっしょだが別が多い	17.2%	17.2%	16.8%	10.6%	10.1%	10.1%	7.5%	8.9%	10.9%	13.8%	
cときどき別でいっしょが多い	4.3%	7.2%	6.3%	10.0%	8.9%	8.9%	7.5%	5.2%	7.1%	5.8%	
dその他　全部別	19.0%	24.0%	24.6%	31.3%	38.4%	38.4%	44.0%	36.2%	43.8%	50.9%	

新入生アンケートの集計画面

2021 年度　総合「性と生」　学年末レポート

提出：3月3日（木）4時まで　1年　組　番 氏名

[1] この一年間さまざまなテーマで「性と生」の学びをしてきました。テーマを選び、根拠となる資料を使って説明しながら、自分の考えをレポートにしなさい。

テーマ　　参考にした資料

[3] 新一年生に「性と生」の授業を紹介するメッセージを書いて下さい。

3 学期レポート（2021 年度）

インタビュー8

卒業生に聴く
麥倉達摩さん

（2021年3月卒業）

インタビューは麦倉達摩《むぎくらたつま》さんが大学2年生になる直前の2022年3月に行った。

「性と生」の印象

麦倉さんは中学時代「性と生」というような授業は経験したことがなかった。「性」というからには保健体育のような科目なのか、しかし「生」とつくのはどういう意味があるのだろうと不安があったという。

麦倉　大東に入る時に、「性と生」という授業があるっていうのを見て、なかなかそういう言葉って見たことがないじゃないですか。性別の「性」っていう字に「生きる」って書く。「性」という言葉には、いやらしいというか、そういうイメージがあって。何を学ぶ授業かなと思って。本当、内心怖かったんです。

―実際に授業を受けてみてどうでしたか。

麦倉　はじめの方は、本当に保健体育みたいなことやるんだなっていうことしか思ってなかったんですけど、後になると、例えばジェンダーの話だとか、社会が変わってくる話だとか。保健体育って、そこまで踏み込まない。社会を含めた性というか。だから「性と生」なんだって思うような授業が多かったです。

―その時、多様性のことも学んだんですね。

麥倉　そうですね、多様性のこともやりました。ＬＧＢＴＱの人たちが性の多様性を訴えるパレードのビデオを見たんですけど、自分の知らないところでは、こんなに性別のことで悩んでいる人がいるんだなと。僕の周りでそういう悩みのある人を見たことがなかったので、知る機会になりました。

「性と生」の担当者は荻野雄飛さんだった。人を引き付ける話し方で淡々と授業を進めていたことが印象に残っている。また、「陽キャラ」タイプの生徒たちがいろんな質問を投げかけると、淡々と進めてきた授業が、だんだんズレて行ったりしたことも面白かったという

「性と生」の学びと高校生活

麥倉さんは友だちに誘われて、1年生の2学期から、クラスの代表委員という役員になった。2年生の時、「性と生」の授業をやっている大東学園なのに、その考えが学校生活に反映してないのではないか、という疑問を持つことがあった。

麥倉　2年生の時に三者懇談会（＊注）が開かれて、「これからの制服について」というテーマがあったんです。僕はずっと、もう制服をなくして私服にするか、もっと着方の決まりを厳しくするか、どちらかがいいんじゃないかと考えていたんです。中途半端な現状がいやで。

麦倉さんは、三者協議会（＊注）担当のY先生に、制服のありかたについて意見を聞いた。先生は「制服規定に男女の違いがあるから、そういうのも出してみたらいいんじゃない」と言った。その時「確かにそういうところって誰も気づいてなかったな」とハッとした。その後だんだん「確かに今の制服規定は変だ」という思いは強くなっていった。「性と生」を学んだからこそ、そう思えるようになったのだと麦倉さんは考えている。

＊三者懇談会 … 生徒・保護者・教職員の三者による懇談会。三者協議会と異なり、決定や確認は行わない。
＊三者協議会 … 「学校生活をよりよくしていくために、生徒会・保護者（東和会）、教職員が対等の立場で話し合い、お互いの合意をつくっていくことを目的とする。」（三者協議会「規約」より）

制服規定のジェンダーレス化要求

２０２０年、３年生に進級した麦倉さんは代表委員会の副委員長になっていた。麦倉さんは、早く代表委員会で制服に関する生徒の要求を練り上げたかった。しかし、コロナ禍で緊急事態宣言が発令されたこの年は、６月まで登校することはなかった。

登校が再開されてすぐに定期試験があり、３年生は進路関係の忙しい日々が続いた。三者協議会に提出する生徒の要求案を3年の代表委員会で話し合えたのは7月の定期試験後のことだった。

麦倉　僕は、「男子…」「女子…」っていう規定をなくしてほしいということと、あとは、パーカー、トレーナーの着用を許可してほしいというのも提案しました。委員会では「いいね」ということになって。

改定前の「学校生活に関する規定」 1．身だしなみ規定 (1) 制服(正装) 女子〜指定の紺ブレザー・グレンチェックのプリーツスカート・リボン・白ブラウス(シャツ) 男子〜指定の紺ブレザー・グレンチェックのスラックス・ネクタイ・白シャツ
夏服—女子〜指定または準指定のグレンチェックのスカート・白ブラウス(シャツ)・リボン
男子〜指定または準指定のグレンチェックのスラックス・ネクタイ・白シャツ(『内規・慣行集』2006年度版から)

麥倉さんをはじめとした生徒代表は、この規定から、「女子」「男子」というジェンダー別の指定をなくすことを提案した。その結果次のアミカケ部分のように改定された。

改定後の「学校生活に関する規定」 1．身だしなみ規定 (1) 制服(正装) 指定の紺ブレザー 指定・準指定のスカートまたはスラックス 指定のネクタイまたはリボン 白シャツ(ブラウス)または準指定の青シャツ(『内規・慣行集』2022年度版から)

—その案をもとに、3年生の代表委員会が要求をまとめて出したんですね。三者協議会は11月でしたっけ?

麥倉　いや、11月の三者協議会は延期されちゃって。1月の20何日かになったんですよ。もし1月の三者協議会がコロナなどで中止になったら、1、2年生に代わりに出してもらおうっていうことになって、「引き継ぎ会」みたいなのをやりました。でも、1月に無事三者協議会は開かれました。

―その1月の三者協議会で学校側は要求に応えたんですか？

麥倉　はい、そうですね。ちゃんと要求は通りました。

―「持ち帰って検討します」とかではなくて、その場で答えたんですか？

麥倉　そうです。要求は事前に出してあったんで。その場でも要求に対しての反論とかは特になく進んで、規定から男女別の表現をなくすというのはＯＫという答えでした。

麥倉さんは、「性と生」の授業で学んだり考えたりしたことが、代表委員として活動したからこそ活きてきたとも考えている。もし代表委員になっていなかったら、三者協議会についても興味がなかったり、知らなかったりしたのではないか。そして制服が生徒の声で変えられるものだということも知らなかったのではないか。「性と生」でジェンダーのことについて学んだとしても、全く気にかけなかったのではないかと思う、と言う。

自分たちの力で変えられるということが分かった時に、「性と生」でジェンダー平等について学んだにもかかわらず制服規定のジェンダー別指定をなぜ見過ごしているのか、ということに気づけるようになったという。

総合「性と生」と自分の認識

―「性と生」、「平和」、「人権」、そういった総合で学んできたことが、自分に影響があるなと思ったことはありますか?

麥倉 そうですね。受けていなかったら、普通に笑いのネタとしてジェンダーのことを言っていたと思うんです。例えばなかなか彼女ができない人に対して、「お前ゲイだから彼女ができないんだろう」みたいなことを言ったりする友だちがいるんです。冗談で言っているとは思うんですけど、そういう時に、「それは良くないよ」「それってどうなの?」という判断ができる。そういう時に、自分は冷静な判断ができて、ああ自分は受けててよかったなっていうのがあります。

それと、世間の大人っていうか、もっと上の男性って、女性が前に出ているだけで、ちょっと鼻につくとか、けっこう女性を軽視しているところがあると思うんです。

―ありますね。根強いものが。

麥倉　女性の社会進出が多い現代だから、その問題はけっこう重要だと思うんです。学ぶことで意識も変わると思います。あと、自分はもし大切な人ができた時に、対等な関係を作ろうって考えるようになりました。

―それはとても大きな影響ですね。今日はインタビューに協力してくださり、ありがとうございました。

校内に展示されている制服見本

インタビュー9

高校2年生に聴く

花輪志門さん

Mさん Aさん／Nさん Mさん

高麗美玖さんインタビュー

花輪志門さんインタビュー

現在高校2年生の男子生徒花輪《はなわ》志門《しもん》さんに話を聞いた。

総合「性と生」と出会う

―受ける前「性と生」という授業があると知って、どんな感じがしましたか。

花輪　受ける前は、保健体育の授業のことを言い換えているのかなと思ってました。例えば、体力向上はこうするみたいな、そういった保健的なことを学ぶという想像でした。だから「性と生」ってなんだろうなって不思議でした。性的な話って学校でしないもんだと思っていたんです。

―「性」っていう言葉から受ける印象は良くない？

花輪　良くないというか、あまり人前では話さないっていう印象です。特に学校では、そういうのは絶対に話さないものっていう印象ですね。

実際に授業が始まる。花輪さんは、自分が持っていた「保健体育」のイメージとは違う印象を受けた。

1年通してみて、保健体育とは別に、学ぶ意味はとてもあったと感じている、と話してくれた。

印象的なこと―スライドとアニメを比較して考えた

―花輪さんは、この「性と生」という授業をやってきて、何か印象に残っていることはありますか？

花輪　やっぱり、あれですね。スライドとアニメの表現を比較した時。それが、やっぱり一番残っていて、それで作文かなんか書いたじゃないですか。

―あれね。「生命（いのち）の安全教育」のスライドと、アメリカのアニメーションを比較した時だ。それをレポートに書いてもらったんだ。

花輪　それは、結構興味深くて。だからレポートはすぐ書けました。

―文部科学省が作った教材スライドと、アメリカの人が作ったアニメーション「コンセント・フォー・キッズ」を比較したんだよね。

花輪　アニメって、子どもが出てきて、「これは君。似てないかもしれないけど」とか言ってるやつ。ありましたね。

―やっぱり自分で考えたことが印象に残るのかな。

花輪　そうっすね。あれはすごく印象的でしたね。その後のレポートも全然書けますし。自分で考えた上でなんで。

―E組は面白いこと言って受けようとする面々も控えているから、比較してもらうと、「こっちはアメリカ人が作ってて、こっちは日本のです」とか、「こっちはアニメで、こっちはスライドです」とか、わざと分かり切ったことを言ってくる雰囲気があったんです、最初。

花輪　見たら分かる。そりゃそうだろうみたいな。

―きっとなんか出てくるとは思いながらも、私もペアの廣谷朝子先生も、「あーあ」と思いながら聞いてたわけ。そしたら、花輪さんが言ったんだよね。

花輪　なんか言いましたね。何でしたっけ。

—君が言ったのは、スライドの方は大人がルールを決めて守りなさいって言ってる。でも、アニメのほうは、自分で決めていいんだよって言っている点が違うって。

花輪 たしか言いましたね。こっちは大人がルールを決めて守らせてる。こっちは、あなたの体のことはあなたが決めていいんだよって言ってる。それが違うっていうのは、一番大事な違いだなと思って。

—言ったでしょ。これでやっと本当に比較が出たって、廣谷さんと二人でほっとしたんだ。あの授業、私もよく覚えてるんです。

「性と生」をふり返る

—一言で「性と生」の感想を言うとどんな感じですか。

花輪 少し表現が合ってるか分かんないですけど、学校で学んでるって感じはしなかったですね。学校は堅いイメージがあるじゃないですか。それで自分の意見を殺さなきゃいけない場面って多いじゃないですか。その中で、逆に自分の意見を持たないと授業についていけないというか、しっかり考えていかないと深まっていかないっていう授業でした。もちろんお遊びっていうわけではなくて、しっかり学びがある中で、学校のような堅苦しさはない感じがしましたね。

―こういう科目ってもうちょっとあってもいいかななんて、私は思ってるんですけどね。

花輪　そうですね。「次の授業何?」って聞かれて、「性と生」って言ったらみんなうれしそうな感じしてましたからね。

―それはうれしいな。それでは、本当に貴重な時間をもらって助かりました。ありがとうございます。

花輪　いえ。ありがとうございました。

＊＊＊

Mさん　Aさんインタビュー

現在高校2年生の女子生徒AさんとMさんに聞いた。

二人とも、授業を受ける前はどういう内容の授業か見当がつかなかったという。

授業を受けてみて二人が共通に印象に残っているのは、性機能について学習した時の女子クラスの経験だ。女子クラスは気楽で、「みんなでキャッキャいいながら遊んで」(Mさん)、楽しく授業をした。コンドームの実物を見たり、触れたりもした。どれくらいの強度があるのかと、ふくらませる人もいた。
この他に印象に残っていることとして、二人が共通に挙げたのは、「性と生」の授業になるとクラスが楽しくなるということだった。

授業に入ると面白くなるクラス

A 授業に入るとみんな面白くなる。

—— そうなの？

M 授業前は、男子で固まり、女子で固まりみたいな。でも授業始まった途端に、クラスみんなで楽しくなれるのは本当にいいことだと思う。すごく良かったです。

A うん。じゃれ合ったりするのはあった。「性と生」だけに。

—何が楽しさのもとなんでしょう？

M たぶん、体のことも人間関係も、みんなの意見を自分と重ね合わせて考えられるところがいくつもあるからじゃないですか？

―みんなの意見を聞くのは役に立つのかな？

M　役に立ちます。いろんなものに対して参考にできるから。

印象に残っている内容

―そんな中で、頭に残っている内容はどんなことですか。

M　全部「いのちの誕生」っていうか、子どものできるまでのことになっちゃう。でき方っていうのかな、何ていったらいいんだろ。いつか自分にもあるかもしれないことって考えると、ものすごくいい学びになったなっていうふうには思うかな。なんとなくだけど、それが人生に役立つって感じがする。

A　最後らへんにあった、ジェンダー平等とか性の多様性の話のところかな。それは役に立つかもしれないなって思った。日本と海外の比較で日本のこともだんだん分かったし。

あらためて「性と生」を紹介する

―レポートの最後に、新しい1年生に「生と性」っていう科目を紹介してくださいねっていうのがありました。二人とも短くても大切なことを書いてくれましたね。あらためてこのインタビューで「性と生」を紹介してみてくれますか。

A 体のことも、人間関係のことも、ジェンダー平等とかのことも勉強する授業。今まで知らないでいたことを知れるから、受けた方がいい授業。

―ありがとうございます。

M 「性と生」の授業は、自分の身の回りに起こることをひとつひとつ詳しく、理解させてくれる授業だから、自分がその授業を受けて損はないと思うし、プラスのことが多い授業だと思います。私は推薦していいと思う授業です。なんなら3年間やっていても悪くない授業だと私は思ってます。

―はい、了解しました。二人ともありがとうございました。

＊＊＊

Nさん　Mさんインタビュー

1年生の時に同じクラスで「性と生」の授業を受けた、現在高校2年生のNさんとMさん（どちらも女子生徒）にインタビューした。

中学の時の性教育経験

二人とも中学校では、保健体育以外には性に関する授業は経験していなかった。ただ、外部講師として助産師さんが来て授業をしてくれた経験はある。男女で別れて、女子の方は「あなたたちはいつか子どもを産むんですよ」と言われて赤ちゃん人形の抱っこ体験をしたり、「妊婦セット」を身に着けたりした。

大東学園で「性と生」に出会う

大東学園高校に入学し、「性と生」という授業に出会うが、その授業の名前自体が恥ずかしかった、とNさんは言う。

N　受ける前まで恥ずかしかった。口にも出したくない。

―なるほど。最初に出てくる「性」の字が恥ずかしいんですね。

N　うん。だって気まずい。

―この授業の名前は言いたくなかったですか。

N　はい。親に資料集とか絶対見せたくなかった。

M　そう。まず資料集を持って帰ってない。学校に置いてました。

寝ない授業―「性と生」の中身

「性と生」の授業で印象に残っていることはいくつかあるが、授業中に寝る人がいないこともその一つだと二人は言った。

N　寝る人いなくない？　全然。「性と生」。

M　確かに。

それは、みんなで考えたり、意見を言ったりすることが多いからだという。

M　みんな考えてるよね。

N　うん、寝ないね、確かに。周りの人と話して考えたりするし。

M　授業で知らないことを詳しく聞けたり、普段考えないことも考えたりするし、人のことも知れるし。

—人を見直すことも意味のあることだよね。それと、「性と生」って、「考える」とことが大事な科目だからね。たとえ知識がなかったとしても。

N　だってみんな知らないもん。数学とかできなくても、みんな考えるし、考えれるし。

M　そうそう、だいたい同レベルっていうのかな。

―なるほど。それは楽しい経験でしたね。受けてみてそんなに嫌じゃないって思うのは、1学期ぐらいにはもうそういうふうに感じてましたか？

N 受けてみたら。そうですね。だって人間関係とかもやるから、苦じゃなかった。

―苦じゃなかったとは？

N 性って聞いたらもうセックスのことだろうって想像するじゃないですか。でも、人間関係とか学ぶし、自分に必要なことや大事なこととかもちゃんと教えてくれるから。

この科目を紹介するとしたら

―この「性と生」という科目を、事情を知らない人に紹介するとしたら、どんなふうに紹介してあげますか？

M 中学の保健体育って、体の変化のことだけじゃないですか。でもこの授業は性暴力だったり、成長過程だけじゃない中学で触れないことに触れていくんじゃないかなって思う。

N 確かに。成長過程だけじゃなくて、男女の関係とかだったり、もっと幅広い性に関する問題だったり。

「性と生」の生きる方。そっちの、生きていくにはこういう人もいるんだよって理解していくことも大事だし、そういうのも学べる授業っていう感じ。

M　保健体育は、成長の上で必ず体に起こるようなことをやるけど、例えば性暴力はみんなが必ず経験することではないじゃないですか。でも、自分に起こってないからって学ばくていいみたいのは違うかな。他の誰かの体験からも学ぶべきだと思う。

―授業の雰囲気は？

M　先生によるかもしれないけど、やりやすい授業。

N　他の授業より受けやすかったよね。他の授業は正解があるじゃないですか。でもこっちはいろんな人の考え方があるから、自分の意見を出しやすいっていうか。答えが1個って決まってないから。

M　考えを友だちと相談したりしてたね。次の授業が「性と生」だっていう時、ああめんどくさいな、みたいな感じはなかった。

＊＊＊

高麗美玖さんインタビュー

現在高校2年生の女子生徒高麗《こうま》美玖《みく》さんに話を聞いた。

最初の印象　性への抵抗感

高麗さんは、中学校では保健体育で人間の体について学んできた。「性と生」という授業が始まるにあたって、授業名の「性」にちょっと抵抗があった。「恥ずかしい」という感じが最初に来て、大丈夫だろうかと感じたのだ。中学の保健体育では「性」という言葉は出ておらず、「体の仕組み」を学ぶとされていた。「性」という言葉は、近寄りたくない言葉だった。学校の先生が、「性」と言う言葉を口にすること自体聞いたことはなかった。

高麗さんの周りの人たちも、「性と生」について、恥ずかしい気持ちを持ち、「ヤバい」とか「マジか」などの言葉で表現していたという。

授業で印象に残っていること　レポート、男女別クラス、映像資料

しかし、授業に参加するうちに慣れてきたのか、だんだんと変化し、抵抗がなくなった。高麗さんは「性と生」の授業を実際に経験して、「やってみたら『あ、そうなんだ』みたいな感じがして、楽しい授業だなと思いました」と話してくれた。

授業の中で印象に残っていることを聞いた。

高麗さんが最初に挙げたのはレポートのことだった。1年間で4回のレポートは大変だったという。苦労して下書きを完成させ、自分なりに校正しながら頑張ったことが印象に残っている。

高麗さんが次に挙げたのは、男女別クラスでの経験だ。性機能を学ぶ時、何回かを男女別のクラスで学ぶ。印象に残っているのは、コンドームの実物を見たことだ。実際に触ってみたり、ふくらまして強度を確かめたりした。

3番目に挙げたのは受精卵から発生、成長していく過程の映像資料だ（大東学園では「いのちの誕生」と名付けているNHKの『驚異の小宇宙　人体　第1集』）。初めて見て、「あー、人間ってこういうふうにできていくんだな」と実感することができた。その映像資料にも誇張や間違いがあると学んだことも覚えている。この授業で今まであまり知らなかった男性器の構造やはたらきを知ることができたと高麗さんは振り返る。

男性の性暴力被害者の存在も印象に残っている。「男性にも性暴力被害があるんだなっていうのは初めて

知りました」と高麗さんは話す。そのことを踏まえて、『広辞苑』の性暴力定義「主に女性や幼児に対する、強姦や性的ないたずら、セクシャル・ハラスメントなどの暴力的行為」に対して、「問題点は男性被害者が全く書かれていないというところです」とレポートに書いた。

「性と生」の特徴

高麗さんは新入生に向けた「性と生」紹介メッセージに「とても大切なことを学べる授業です」と書いた。将来役立つような内容が多かった授業なので、そう書いたとのことだ。

高麗さんに「性と生」の特徴を聞いた。

「自分自身の大切さみたいなことを授業でやってくれるのが『性と生』だなって思う」というのが高麗さんの答えだった。

高麗さんが「性と生」の特徴だと思うことの二つ目は、答えを聞かれるのではなく、自分の考えを聞かれている授業だということだ。その時は正解はないという感じがする。「性と生」の授業を通してみんなの考えが聞けることも特徴だという。

―この授業の紹介をもう少し話してください。

高麗　実際に触ってみるとか、体験ができるところ。あとは話だけじゃなくてビデオで見せてくれるから分かりやすいと思う。「性と生」っていう授業は、最初はみんな恥ずかしいっていう考えがあって抵抗があるかもしれないけど、恥ずかしがらずにちゃんと授業を受ければ、知らないこともいっぱいあると思うし、将来にも役立つよ、って紹介します。

—ありがとうございます。もっと変えるといいよというところがあったら教えてください。

高麗　より良くしていくためにですね。実際に体験することをもっと増やすのがいいのかな、と思います。

—分かりました。高麗さん、どうもありがとうございました。

◉「ガイダンス」とのファーストコンタクト

２０１４年４月、『季刊セクシュアリティ』65号（４月増刊）が刊行された。特集テーマは「日本の性教育を展望する―世界の中の日本―」である。この号で、「国際セクシュアリティ教育ガイダンス」（以下『ガイダンス』と記す）が詳しく紹介された。浅井春夫さんの「国際性教育実践ガイダンス（指針）と日本の性教育の歩むべき道」と題する論考である。わが国でここまで「ガイダンス」が詳しく紹介されたのは初めてだっただろう。続いて、「性と生」チームから何名かが参加した7月の性教協主催第33回全国夏期セミナー大分大会では、田代美江子さんの理論講座「『日本における包括的性教育の手引き』を考える」を聞くことができた。２０１４年は「性と生」チームの「ガイダンス」とのファーストコンタクトの年だったといえる。

『季刊セクシュアリティ』No.65
（2014年発行）

チームのメンバーが「ガイダンス」に注目し、その内容を知りたがったのは、総合「性と生」の系統的な年間計画（カリキュラム）を作り上げたいと考えていたからである。

前にも述べたように、1学期はからだの機能中心、2学期と3学期は「社会の中の性と生」という大雑把な計画で進めてきた「性と生」だったが、2010年代に入るとさまざまな試行錯誤が行われていた。

はじめての授業では「性と生」という科目の説明をし、定型アンケートを取り、クイズをする。そこまではほぼすべてのメンバーが同じ展開をする。そこからが様々である。

「性と生」チームは、男女一人ずつの教員がペアを組んでクラスに臨む。二人が同じクラスに入る場合もある。また、男女別クラスにしてそれぞれが担当する場合もある。さらに、少人数クラスにして一人ずつが担当する場合もある。学習形態を柔軟に選べるようにしてある。各ペアがどのように進めていくかもそれぞれに任されている。進め方は多様だった。

2010年代には、クイズに続いてすぐにからだの性機能に入っていくペアは少数になっていた。

まず「ジェンダーとセックス」について扱う人（ペア）、「人間が性的関係を持つ理由とは何だろう」と問いかけ、「人間と性」について考えることから始める人（ペア）、人間の性を見つめるいくつかの視点を考える人（ペア）など様々であった。

もっと系統的なものにしたい、という気持ちを多かれ少なかれメンバーは持っていたのだ。

しかし、率直に言って、2014年の段階では「ガイダンス」から学べることは多くはなかった。

一つ具体的に形になったのは、これまで3学期に行っていた「性の多様性」についての学びを1学期の最初の方に変えたことである。これは、「ガイダンス」が「人権と多様性を基盤としている」という指摘を受けてのことであった。

◉「ガイダンス」の直接の産物
―「『性と生』学習資料集」

「ガイダンス」との本格的な出会いは、2017年に翻訳本が出版されてからだった。チームメンバーで「ガイダンス」のキーコンセプト6つが書いてあるページをコピーし、15歳から18歳年齢グループの学習内容だけを切り貼りして再構成する作業をしてみたこともある。あまりの学習内容の豊富さと量の多さに驚きもし、半ばあきれもした。これだけの内容を持つカリキュラムなんか作れるのだろうか、いったい何時間必要なのだろうか、と。

それでもチームは、2017年の「ガイダンス」翻訳本を読み、取捨選択を重ねて、B5版71ページの「学習資料集」を編集し、刊行にこぎつけた。これは、「ガイダンス」の学びがもたらした具体的な成果であり、これによって系統的な学習内容、カリキュラムづくりへの一歩を踏み出したと言ってもいいだろう。

「総合科目『性と生』学習資料集 2022」表紙

◉「『性と生』学習資料集」の中味

2018年度から使い始めた「『性と生』学習資料集」は、「テキスト」ではなくあくまでも「資料集」である。共通の資料を提供することで、チームメンバーの負担を減らし、生徒の「プリント漬け」状態の改善をも目指したものであった。「学習資料集」の中身を大まかに紹介する。

＊＊＊

第1章　性別とは何か―性の多様性

・クイズ／・性別とは?―性の多様性／・ジェンダーとセックス

第2章　生殖をめぐる科学と人間関係

・人間が性的な関係を持つ意味とは／・思春期における心身の変化／・「いのちの誕生」―受精・発生・成長／・出産のメカニズム／・生殖にかかわる身体の仕組み―排卵・月経・勃起・射精―／・人間の性の分化／・避妊／・人工妊娠中絶

第3章　性感染症（STI）

・性感染症って何のこと?／・性感染症クイズ／・主な性感染症／・いくつかの大切な点

第4章　性と人権

①　暴力・人間関係・性

・人間関係を見つめなおす／・こんなケース、何が問題だろう／・性暴力とは　二つの定義を考える／・セクシュアル・ハラスメント／・性暴力に対するいくつかの取り組み／・海外の性暴力犯罪に対する処罰／

②　性の商品化と人権侵害

・性の商品化とは／・性の商品化をめぐる現状／・性の商品化　何が問題か　いくつかの論点

③　多様な性と現代社会

・おさらい　ジェンダーとセックス／・男女平等からジェンダー平等へ／・性の多様性をめぐる世界の現状

終わりに

索引と用語集

＊＊＊

この資料集は、２０１８年度の刊行以来毎年改訂を経てきた。２０２２年度までは紙媒体オンリーだが、２０２３年度中にはデジタル化の計画が進められる予定である。

インタビュー10

阿部和子さん

（1989年～　国語科）

「大改革」以前の大東学園

阿部和子《あべかずこ》さんは１９８９年に国語科の非常勤講師として大東学園に来た。その翌々年の1年間を除いては、ずっと大東学園に勤めている。

１９８９年当時の大東学園の印象は、「なんか暗かったなっていう感じ。職員室の中にいても、本当に空気がドヨンとした感じだった」という

阿部　気持ちとしてはとにかく息するのが大変っていう、そういう感じがありました。それから、最初に来た年にいた若い先生が、次の年にはいらっしゃらなくなってるとか、そんな事があって、大変なんだな、ここはって思いました。１９９１年度から神奈川県の産休代替の仕事が決まった時に、ああ、あの暗さの中からやっと脱出できるって思ったんです。

阿部さんは、職員や教職員から「あんまり余計な事を言ってはいけない」という感じを受けたことと、非常勤講師には決まった座席もなく、職員室の隅の方にあった応接コーナーにいるしかなかったことが印象に残っている。

１９９１年に神奈川県の産休代替教員をつとめ、１９９２年に再び大東学園に来た時には、すでに学校体制が変わっていた。

「大改革」の後

久しぶりに訪ねた大東学園はとても明るかった。教員がいっぱいいろんなことを話し合っている。生徒たちのことで困ったことはたくさんあるのだが、しゃべりたいことをしゃべっている教員たちは、とても楽しい雰囲気だったという。

阿部　まるっきり違う世界でした。だからずっとあの世界にいらした先生方は大変だなって思いましたね。

その頃始まった総合科目の検討については、「性と生」というのが始まるらしい、何をするんだろうか、いかがわしくないのか、などと講師仲間で噂しあっていた記憶がある。

改革前は、非常勤講師は教科会にも参加できなかった。阿部さんの記憶にあるのは、非常勤講師には定期試験の当日に初めてテスト問題が配られたことだ。改革後結成された講師会での話し合いで、授業づくりのために非常勤講師も教科会に参加させてほしいという要求を挙げ、参加できるようになった。

ただ、夏の教研などの研修には非常勤講師の参加機会はまだなかった。専任の教員たちが何か一生懸命やっているようだから、まあ端から見ていようという感じだったという。

その後、非常勤講師も入った総合「女性と人権」の準備チームが作られ、阿部さんはそこに参加する。

阿部　「性と生」については、全く性に関する知識はなかったので、まあ遠くから見てればいいやっていう感じでした。「女性と人権」の方は、私は女性の自立というのはすごく大事だと思っていたので、参加できたらいいなっていうんで、そっちの方をずっとやってきました。

「性と生」に参加するまで

１９９６年の総合「性と生」を皮切りに、97年「平和」、98年「女性と人権」と総合科目が順にスタートしていく。

阿部さんが「性と生」のチームに参加したのは２００６年だった。それまでずっと「女性と人権」（２００３年からは共学化にともない『人権』に名称変更）を担当していて、人権と性とはものすごくつながっていることを感じていたという。

非常勤講師にも研修費が支給されるようになったこともあり、性教育について学ぶために「性教協」（〝人間と性〟教育研究協議会）の全国夏期セミナーに参加するようになった。記憶にあるだけでも、１９９８年松山、１９９９年長野、２００１年横浜、２００３年静岡、２００４年鹿児島、２００５年徳島、２００６年大阪、２００７年北海道などだ。

そうしているうちに、全国の私学関係者が毎年夏に開いている「全私研」（全国私学夏季研究集会）という大規模な研究集会の中に、「性と生の教育」分科会が設置されることになった。阿部さんは「ちょっと今年だけ司会をやってね」と頼まれたのをきっかけに、この分科会の運営に深く関わることになる。

この全私研「性と生の教育」分科会は、前に述べた性教協の全国夏期セミナーと日程的に重なることが多く、阿部さんは年によって両方に参加したり、全私研だけに参加したりするようになる。

阿部 色んなところに参加しながら、やっぱり「性と生」って、本当に人間丸ごとなんだなっていう風に思うようになって。自分もやってみたいなって思うようになってきたんですね。

2006年「性と生」を担当する

阿部さんは当時の池上東湖校長に「性と生」を担当したいと希望を出し、「性と生」チームに参加した。

「最初の1年間は本当に分からなかった」と阿部さんは振り返る。

阿部 最初の私の授業、今思い返すと「教え込み」だったな。自分の思いがこんなにあるわけじゃないですか。1年目は「こういう風であらねばならない」で、授業や生徒に向かったような気がします。でも、少しずつ学習を重ねていく中で、「あらねばならない」ではないんだなって思うようになってきたんです。やっぱりそれぞれの人間がいるわけで。そのそれぞれの人間がどれだけ大事にされるかというのが性教育というか、「性と生」のキモになるところだなと、いつの頃からか思うようになってきて。ただそれは結構時間がかかっていると思います。

阿部さんは、自分の生徒観も少し変わったかもしれないと語る。以前は「正しい生徒像」があって、そこから外れたら教師として注意をしなければいけないと思っていたが、それは違うと考えるようになった。そういう転換は、「性と生」を担当したことによる、と阿部さんは考えている。

そういう転換と並んで、「正解」がないテーマについて、生徒同士が話し合って答えを考え合っていくということがすごく大事だと思えるようになってきたとも語る。

阿部　何が大事かという考え方は変わっていきましたよね。やっていく中で。それは「性と生」にすごく鍛えられたなっていう気はします。

性の学びを人間関係の学びとして――総合「人権」とのつながり

阿部さんは、今よりももっと多くの教員に、性の学びに参加してほしいと考えている。「性教育」と聞くとそれだけで敬遠してしまう人が多い。しかし、性の問題は人間と人間の問題なのだから、これから生徒たちが生きてく時にいろいろな人と繋がっていくことを考えると、欠かせない学びなのではないか、と阿部さんは言う。

例えば小学校1年生の担任が児童たちに向かって、「みんな一人一人違うよね」「みんな違うということは、考えてることだって、体だって全然違うということ」「みんな違うのがこのクラスの楽しくていいところだよね」というような呼びかけをするだけでも、日本の性の学びは違ってくるのではないかというのだ。

阿部　大東でも「性と生」をやってない人が多いでしょ？そこは問題なんだと思う。大東の3年生の総合「人権」では「家族」を一つのテーマにしている。この家族も人間関係なんですよね。虐待にしたって人間関係の問題。そんな風なところから入ってもいいと思うので、もうちょっと「人権」と性の学びが関連づくといいなあ。

こう考えるようになったのは、「国際セクシュアリティ教育ガイダンス」（以下『ガイダンス』）で学んだことが大きい。「ガイダンス」では「人間関係」を学習の第一に挙げている。誕生し、人間として成長していく中での人間関係に関する学びが順を追って展開されているのだ。「ガイダンス」の示す包括的性教育は、人権と多様性を基盤としている。人間関係も人権の観点から見つめ直し、考え直すという風にできるのではないか。そうすることで、総合「人権」の内容と「性と生」をつなぐことができるのではないか。阿部さんはそれを考えてみようと思うと語る。

「性と生」チームのこと

総合「性と生」チームに加わって17年目になる阿部さんに、チームのことを聞いた。

―どうですか？　チームを見てきて。

阿部　毎年、是非やってみたいって人が必ず何人かいるでしょう？それがすごいなって思う。そんな風に魅力的なものがあるのと、それから大事さをやっぱりみんな分かってくれてるのと。それは嬉しいなって思います。

―あちこち見ていると、いくつかのサークルでは、力のある人が「リーダー」から「ボス」になってしまうケースがいくつもあるんです。「性と生」のチームを見た時にはどんな感じがしますか？

阿部　教科会が安心してものを言える場所になっている限り、ボスにはなりようがないですよね。なんか言ったからって、否定されない。新しい情報とか知識を持った人がその情報や知識を普通に紹介する。それに対して「それ知ってる」とか「初めて聞いた」とかってやり取りできるのがあそこの教科会かなって思います。

―教科会でこれからも大事にしたらいいんじゃないかと思うことは？

阿部　私はやっぱり学びがすごく大事だと思っているので、学ぶ機会をあそこで提供しあって、今コロナでなかなか大変だけど、何人かでまとまって外に出て行く、それからそこで繋がりを作ってくっていうことが、もうちょっと必要かなっていう気がします。

あと今の、1週間に1時間教科会がちゃんと持てるっていうところはずっと持ち続けてもらいたい。

「性と生」がもたらすもの

阿部さんは、総合「性と生」を担当した教員が生徒に対する見方や対応を大きく変化させていることに注目している。

以前は自分自身の価値観によってあっさりと生徒を「片づけて」いた教員が、「生徒がこういう風に書いていたけど、そのまま受け止めるのではなく、こういう捉え方もできるのではないか」などと発言するようになる。

自分自身も、一見そっぽを向いたような、ひねくれたような生徒の発言やコメントを「面白い」と思えるようになったことが変化ではないかという。

また、教員と生徒は真正面の直線的な関係になりやすいが、そこに他の生徒が介在することで「ちょっと斜めの関係」を生み出す。その効用も実感するようになったという。

—生徒たちは、「性と生」の授業は他の人の発言やコメントから学ぶ事がすごく多い。それをこの授業ではすごく感じるって言ってましたね。

阿部 感想によくありますよね。人の意見を聞くってこんなに楽しいものだったとか、あとは人の意見を聞いて、こんな事もあるんだって考えられるようになったとかのコメントが結構あるから、感想の交流ってすごく大事ですよね。

―大東の「性と生」の学びがこれからも続いていくために必要なことはどういうことだと考えますか？

阿部　やっぱり生徒の声をまず大事に聞き取ること。それと教員でもみんな経験することで、いかに大事かっていう事を納得するわけじゃないですか。性と生の授業をみんなに経験してもらうことが大事だと思います。

インタビューの最後に阿部さんは、「性の学びを本当に全ての人がやったら、世の中絶対平和に近づいてくと思う」と言った。

「まず賢くなります。それに、人と人とが本当に対等だなっていうのが分かるし、それぞれの立場で一生懸命生きてるんだなっていうところで尊重できる、リスペクトできる。だから本当に性の学びっていうのを世界中、まず日本中に広げたい」

2023年度から大東学園の新しいカリキュラムが始まる。これまでのカリキュラムは1992年から論議を重ね、1996年から学校完全5日制とともに実施されたものだ。

2018年、原健校長は新カリキュラムを「新カリキュラム検討プロジェクト」に諮問した。諮問内容の大要を原校長は次のように述べている。

＊　＊　＊

2018年の諮問では新カリキュラムの狙いとして大きく二つを挙げています。

①一つはこれまでの大東学園の教育の到達点、財産を発展、継承していくこと。

人間の尊厳を大切にする・人権・平和・民主主義

総合の学び・三者の協同の学校づくり・福祉の学び

などがあげられると思います。

②二つ目は現在抱えている課題を解消できるカリキュラムとしていくこと。

さまざまな学習体験・バックグラウンドを持つ生徒たち・学びに向き合いきれない現状

一人一人の学ぶ意味の発見・学びのモチベーション「誰もが一人残らず学びに参加する」

他にもあると思いますが、まずは上にあげたことの解消・実現から始まると考えます。

＊　＊　＊

諮問から丸4年。「新カリキュラム検討プロジェクト」が中心となって原案を作成し、7次にわたる答申を行い、職員会議や研究会でのオープンな論議を経て新カリキュラムは実施に至った。

新カリプロジェクト内の分担の一つ「探究チーム性と生」が第7次答申に添えた報告（以下『報告』と略称）内容をかいつまんで紹介する（学習指導要領で高校における総合は「総合的な探究の時間」とされている。それを踏まえ、新カリプロジェクトでは「探究Ⅰ『性と生』」という略称を採用している）。

「報告」は「はじめに」として問題意識と課題を明らかにしている。

「性と生」は開始より25年経過した。その間、性教協や放課後講演会の講師陣などと繋がり発展し続けてきた一方で、扱うコンテンツが肥大化し、探究的学習活動から従前の教え込みに偏りつつあるのではないかという声もある。そこで、内容を精査し、調査・発表・振り返りの活動を入れ、生徒たちの興味関心を引き出し、より探究できるよう再編したい。

そして、「『性と生』を再編するにあたって」として、次の三つをあげている。

・これまで築いてきた実践をベースに、内容を精査する。
・以前行っていた「調査・探究・発表」の取り組みに再度挑戦する。
・精査にあたっては「国際セクシュアリティ教育ガイダンス」を参考とする。

「以前行っていた『調査・探究・発表』の取り組みに再度挑戦する」という記述には解説が必要だろう。

1996年発足当初の「性と生」では、生徒たちによる学校内外での「調査・研究活動」が行われていた。また、2003年の男女共学スタート時からは、クラスごとにレポート発表の時間が設定された。クラスにおける個人またはグループによるレポート発表を経て、生徒たちが選んだクラス代表による、学年全員を前にした体育館でのレポート発表会も実施されていた。「調査・研究・発表」が総合的な学習の「キモ」と位置づけられていたのだ。

3学期がそうした取り組みにあてられていたのだが、多様なゲストを招いての放課後講演会が設定されたことや学習内容の増加などによって廃止され、「探究的学習活動から従前の教え込みに偏りつつある」と指摘される現状になったのだ。

「報告」は続けて、エピソード5に書いた「性と生」の基本的なスタンスを再確認している。

大前提として高校生の恋愛は制約すべきでない以上、性体験も否定しないが、大人として先輩としてアドバイスする。

生徒が生活している現実から学習を起こす／生徒の発言・疑問・問題意識を基本にして進める／『正解』を生徒と共に探す学習スタイルを取る／性を科学的に語る／マニュアルは作らない。教材はそれぞれが工夫し、チームの中で深めてみんなのものにしていく。／資料集を作る。学習テーマは大枠だけを決め、具体的な課題はチームメンバー各人の自由にする。／対話しやすいよう、クラスを半分にした少人数の授業が保証できる体制をつくる。

その上で、

①人間やセクシュアリティの「多様性」を通年の授業で伝える。

②どの授業にも「当事者」と「理解者・支援者」になる（なっている）生徒がいることを前提に授業をつくる。

という2点を付け加えている。

この2点は、25年以上の「性と生」授業実践の中でたどり着いた大切な着目点だと言えるだろう。

「報告」は年間の授業テーマ例を掲げている。

1学期「私」と出会う
・何を今さら？「人間関係入門」〜人間関係を振り返る、アサーティブコミュニケーション〜
・私のからだは誰のもの？〜性機能、ボディイメージ、プライベートゾーンなど〜
2学期「社会」を知る
・「みんな違ってみんないい」と言うけれど…〜ジェンダー、多様な家族、校則・制服、ハラスメント〜
・「SOS」の出し方講座〜束縛・DV、性暴力・虐待、性感染症〜
3学期「尊厳」を問う
・私の身体は私のもの〜性の商品化、避妊・人工妊娠中絶、出生前診断〜

「国際セクシュアリティ教育ガイダンス」を参考に学習内容を精査し、3学期に放課後講座も実施し、「調査・探究・発表」をも実現する。「報告」に書かれたことを実現するには、かなりの研究と創意工夫が必要になる。

しかし、「性と生」チームは、集団的な力量を発揮して必ずや困難を乗り越え、提起された課題を実現していくだろう。私自身は2022年度をもって「性と生」の授業からリタイアするが、新たな探究「性と生」が、生徒と共に豊かな学びを作っていくことを確信している。

インタビュー11

原健さん

（1991年～　社会科）

大東学園高校現校長の原健《はらたけし》さんにインタビューをした。

1991年、「大改革」の頃

原さんが社会科の教員として大東学園に就職したのは1991年。就職したばかりの大東学園で原さんが目にしたのは、理事長兼校長のO氏と多くの教職員が対立する姿だった。

原　朝の打ち合わせの前後ぐらいに、先生たちが校長の席に行って、「なんであなたはそこにいるんですか」なんて言ってる。ここの学校何やってるのかなと思って。

—驚かれましたか。

原　そんなにびっくりというわけでもない。なんでかはよく覚えてないんだけど、なんかわくわくした気持ちを感じましたね。僕が入った年の4月か5月ぐらいに理事長兼校長のOさんが退任したでしょ？　入ってから2か月もしたら新体制になったわけだから、僕自身はそんなに旧体制で嫌な思いをしたりとかそういうことはなかったんです。だけど、あのどんどん変えていこうっていう熱は感じさせてもらってる。学園を良くして行こうという熱気の中で先生の仕事を始めることが出来たから、それは自分としては一つ良い経験が出来たかなと思いますね。

原さんが就職した翌年から、新しい教育づくりの取り組みが本格的にはじまる。1993年に「教育計画委員会」が発足して、学校5日制、必修科目の大幅削減、選択科目の大幅増の3本柱を中心とした新しいカリキュラム案を提起した。

1996年、総合「性と性」のスタート

総合「性と生」がスタートした1996年、原さんは、翌年から始まる総合「平和」準備チームメンバーの一員だった。

原　「平和」の準備チームメンバーは、時間割内にちゃんと会議の時間が入っていて。「性と生」がスタートしているのを横目に、翌年の4月からスタートする「平和」の準備をずっとしてました。「性と生」の授業が始まったのはもちろん知っていたけど、みんな悩みながら楽しそうだったから、「平和」もそんな風にできたらいいなって思っていたかな。「性と生」は新しいことをやっていて面白そうじゃないですか。クラスを半分にしたり一緒にしたりとか。二人で担当するっていうのは大東ではほとんど他にはなかったし。

―当時を振り返って印象的だったことはありますか。

総合「平和」学習発表会

原　色々あって。職員室の机の上に見本の男性用コンドームとか、でっかい人体内部構造の模型があったり。あんなのがあるのもとっても新鮮な感じでしたね。

―「あれはやめてくれ」と言う声を聞いたこともありました。

原　今もそれはあるかもしれませんね。認識と受容のレベルは色々でしょうから。

総合の学びが持つ意味をめぐって

―今度、新しいカリキュラムを作ることになりましたね。そのときに、「性と生」のような総合科目をどうするかということも議論になったんですか。

原　というより、議論をするまでもなく、「発展させて継続」というのはすぐスッと行きましたね。新しいカリキュラム、基本的にはここまでの大東学園の財産である総合や、三者の取り組みとかそういうのは継続、発展ということです。

大東の課題で言えば、中学までに様々な学習体験をしてきた生徒たちがいます。学校や学習への親和性の低い子たちもいる。そういう生徒たちも、学校の良いところや勉強することの意味を自分で見つけるというところが一番の課題だから、それを解決出来れば、他の問題なんてきっと大したことはないのかもしれない。それを解決していくというのが新カリキュラムの方向だから。

—「性と生」という包括的性教育、日本の学校ではあまりやってないんですけど、大東学園は25年以上続けてきた。「平和」も「人権」も20年以上続けてきた。「性と生」をはじめとする総合学習の意味はどういうものだと考えていますか。

原 僕自身の体験もそうだし、「性と生」に関わった先生たちもそうだと思うんだけど、先生たちが科目の学びに取り組む中での色々な出会いが、教員を続けていくための1つの大きなモチベーションにつながっているんじゃないかなと思っています。総合科目の意味を考えると、この科目で学ぶのは、現代的な課題というか、高校生がこれから生きてく上で直面する、よく考えなくちゃいけない課題が多い。それと、高校生には出来ればより良い世の中の作り手になってもらいたいと考えるときに、こういう広がりのあることを考える、深い意味のある取り組みだと思うんですよね。

—高校生たちが社会をよりよくしていく存在になるために、ということですね。

原 そう。で、そういうことを研究しながら外部の人や、色々な新しい知識や、あるいは教養と言ったらいいのかな、そういうものに先生たちが出会っていくことで、それが教員を続けていくためのモチベーションになる。僕なんかも沖縄の平和のこととかをずっとやっていく中で出会うこととか、沖縄で出会う語り部の人とか、案内してくれる人とかがいる。語り部の人はもうどんどん亡くなっていってしまうけど、それを自分なりに受けたというか、そのことの責務みたいなものがずっと自分の中に残っている。そういう自分の中に生まれた責任感みたいなものを全うしていくことが、教員を継続する大きなモチベーションだし、教育づくりのための一つの意欲になるのかなという風に思っていますね。

―それが原先生の言う「出会いの力」ですね。

原　「性と生」の先生たちもきっとそうだと思います。それと、自分たちが学びの作り手になっていく。そして生徒たちにもそういうことを考える人間になってほしいとか、良い人生を送ってもらいたいとか、そういう願いが力になっている。「性と生」も「平和」も「人権」も。そういうものが大東にとっては先生の意欲というか、教育を続けていくためのモチベーションの源泉になっているところはあるんじゃないかなと思うな。だから大切だと思っています。

沖縄修学旅行
（ひめゆり平和祈念資料館）

―原先生は総合「平和」の紹介のような文章の中で、そのことをずっとおっしゃってますよね、昔から。「総合科目っていうのは、場所と出会い、人と出会い、問題と出会う。そういうことを通じて何かを私たちはそこから受け取って、責任を持つんだ」というような内容です。一貫してるなと思って。

原　一貫してるといえば聞こえは良いけど。

長く続けてこられた理由など

―「性と生」という科目がどうして続けてこられたかということは考えたことありますか？大体立ち消えたりするところがありますね。性教育なんか特に。

原　これは「性と生」に限らず三者の取り組みもそうなんだけど、外に向けて発信しているということも大きいと思いますよ。興味を持ってくれる人たちがいるから、取材も受けるし、公開もするし。三者の取り組みも本当に大変です。手間はかかるし、年間の取り組みの労力の積み重ねはすごく大変。だけどやっているのは、もちろん、生徒や保護者、教職員にとって良い結果になる、良い学校づくりになるというのが一番だけど、そんなに大きな期待かどうかはわからないけど、内部ではなく外部の皆さんからちょっと期待されたり、この先どうなるのか楽しみにしてくれる人がいたりすることも大きな理由です。期待を裏切っちゃいけないなっていう気持ちもありますね。

―こうなると中途半端には止められませんね。

原　そう。人間だからみんな、投げ出したり止めたくなることもあるけど、それが1つ歯止めになると思います。だから「公開する」というのは大切なことなんだなと思います。大東学園は「開かれた学校づくり」というのがキャッチフレーズです。まだまだ開けてない部分もいっぱいあるけど、いろんな取材とかに対しては基本的に受け入れていますよね。それはもちろん宣伝でもあるわけなんだけど、継続する1つの条件にはなっているんですよ。もう1個は、外部とのつながりもあります。「性と生」で言えば性教協だと思うし、「平和」で言えば沖縄の平和ネットワークとかそういう人たちとつながっていることで、新しい情報も入ってくるし、さらに先生たちが学ばなくちゃいけないことも出てきますね。だから終わりがない感じはします。

生徒や保護者の声から

—生徒たちは支持してくれているのでしょうか？

原　「性と生」なんかは最後に書いてくれる感想を見れば、大勢の生徒が「後輩にもお勧めしたい」って言っているんだから、これは支持していると考えていいんじゃないかと思いますよ。他の既成の教科と違う学びがあるのは間違いないから。

—保護者の声は聞いたことありますか？

原　保護者からは「生徒が受けているのを受けてみたい」というのがよくありましたよね。「性と生」の授業を自分たちも受けてみたいって。

―クレームはどうでした？

原　不思議とないですね。「性と生」にしても「平和」にしても、「人権」もそうかもしれないけど、角度の付け方によっては、「うちの子にそんなこと教えないでくれ」というのは当然あってしかるべき反応だと思う。でも振り返ってみると、ない。20何年もやっているんだけど。

―「性と生」が26年めです。

原　もしかしたら、評価するとか成績をつけるとなるとクレームが出るかもしれませんね。考え方を測るようになってしまうと。成績評価がないというのが一つのポイントなのかもしれないな。はじめにそれを決断したことが大事なことだったのかもしれません。

―成績評価しない、考え方を測らない、多様な考え方を尊重するという原則的な方向性がいいのかもしれませんね。

「性と生」のこれからに向かって

―今後の大東学園高校における「性と生」に対して、望むこととか、こういう風にしていったらということとはありますか。

原　やっぱり先生たちが学んでいく1つの大切な機会であり続けてほしいですね。だから担当者をもうちょっと幅を広げたいと思いますね。今後、学校が多様な性のあり方を尊重し対応していくためにも、「性と生」を担当したことがある人と、そうでない人で受け止めが違ってくると思うんです。

—キャパが違ってきますね。私も「性と生」を担当した先生を拝見していて、そのことを感じます。

原　世の中も変化していきます。例えば性の多様性を認識していく中で、みんなが自分らしくちゃんと平等に生きられるような権利を認めようという方向には、当然進んで行きます。そういうことに対しても学校が自然と受け入れられるようでありたいと思うんです。そういう意味で、生徒たちももちろんそうなんだけど、先生たちも含めてみんなが学んだり考えたりしていく大切な1つの科目として存在し続けて行っていただきたいと思いますね。

—今日はありがとうございました。

インタビュー12

牛坂安未さん

（2018年～　保健体育科）

２０２２年度の総合「性と生」教科主任の牛坂《うしざか》安未《あみ》さんに話を聞いた。大東学園に就職して今年度で５年目になる牛坂さんは、今年度、保健体育科の教科主任も兼任しており、多忙である。保健体育科主任としては、今年度行っている体育館の改修にあたって業者と教員の間に立つことも多い。「性と生」主任としては、６月と10月にテレビ局の取材があり、教科メンバーと取材メディアと生徒や保護者の間の調整に追われた。

牛坂さんが「性と生」を担当するのは２回目だという。初めて担当したのは３年前。荻野雄飛さんとペアを組んだ。

「性と生」との出会い

―初めて「性と生」を担当したときは、自分で希望したのですか。

牛坂　私、２学年の担当だったんですが、「1年生の『性と生』を教えたいです」と言って、入った感じです。ひとまず全ての総合を早く1回コンプリートしたくて。

―総合学習や総合科目に関心があったのでしょうか。

牛坂　そうです。知らないことを知ることになるので、その新鮮さがあるというのと、いろんなことを幅広く考えられるのは総合かなと思うので、1回全ての総合科目を知ってみたかったんです。結構知りたいことはいっぱいありました。3年生の「人権」もやってみて知ることも多かったし、「性と生」も知りたかったんです。

―ご自分の中高大をふりかえって、総合的な学習というのに触れた経験はあるんですか。

牛坂　いや、あんまり記憶にないんです。小学校とか、修学旅行とかだったのかな。フィールドワークとか。そんなイメージはあったけど、それ以外はあんまりイメージがなくて、大東に入る就職することになったときに「総合学習があるよ」と言われていて、「そんなのやるんだ」って感じでいたんです。ちょっと話を聞いてみると結構面白いなという感じでした。

―総合学習って答えがないことが多いんだけど、「やりにくいな」とは感じなかったんですか。

牛坂　そうですね。答えがないということの自由度が好きだったりはするかなと思います。

初めての「性と生」―印象に残っていること

初めて「性と生」を担当した時に印象に残っていることを聞いたところ、牛坂さんは、避妊の学習でコンドームを生徒に触らせた時のことを挙げた。

牛坂　本当に渡していいの？　っていう感じだったかな。本当に実際触らせるし、練習させるんだと思って印象に残ってる。

もう一つ印象に残っていることとして挙げてくれたのは、男女別に分かれた時の女子クラスの授業だ。「他の人に聞けないお悩み」を出し合ったのだ。最初1人が言い出せば、みんな結構ボロボロ出てきて、「こんなに悩んでんだな」と思ったという。

牛坂　内容は、体のこともそうだし、「生理が遅れてるんだけど、どうしよう」とか、そういうのもあるし。あと「男子にこういうふうに言われたら、何て言えばいい？」とか、「嫌われちゃったかな」みたいなのとか、結構あったなって感じはします。

―あの空間というのは、結構大事な感じでしたか？

牛坂　はい。ただ生徒が言ってきたことで進んでいくから、ちょっと不安定感が高い授業ではあると思うんです。どうなっちゃうか自分でも着地点が見えてないからはあるけど、2クラスやったけど、どっちも楽しかったなという感じはします。

生徒たちに感じる変化　1

今年再び「性と生」を担当して、3年前の生徒たちとの違いを感じることがあるという。

牛坂　性の多様性の授業を2クラスでやったんですけど、本当に思いのほか抵抗がなくて。以前「ゲイ」という言葉を馬鹿にするように言っていたニュアンスと、今の子たちが「ゲイ」と言うニュアンスはちょっとまた違う感じがするんです。前ほど差別して言っているわけでもないのかなって。

――「ゲイだって別にいいじゃん」みたいな空気ですか。

牛坂　授業中に誰に発言させても、考えを書かせても、きれいごとじゃなく、「別にいいじゃん」っていう人が多かった。本当に「当たり前じゃない」という感じの人が多かったことにびっくりしたなという感じです。私は福島市出身なんですが、多分地元のほうがセクシュアルマイノリティを受け入れられない空気感があります。大東で本当に驚いたって感じです。大東生って、都会の子だし、しかも本当にいろんなとこから来ているし、何でも意外とすんなり受け入れるというか、いろんなものを見ている。今年は生徒がそんな感じなのもよく分かったので、「性の多様性」の学習の時に、セクシュアルマイノリティのことの方を詳しく紹介するような感じは止めました。生徒も「他の人と変わらないのに」というのが、普通に出てくるようになっているから。

生徒たちに感じる変化　2

―「恋愛なんか自分には関係ない」という生徒たちって増えていませんか。

牛坂　めちゃくちゃ多いです。今。本当に増えた。結婚についても、こんなに結婚したくないって人多いんだ、みたいに感じます。前なんて「結婚すりゃ勝ち」みたいな感じだったじゃないですか。

―どうしてだと考えていますか。

牛坂　本当に自分に自信がない。人を好きになるとか、そういう勇気もないというか、不安しかないみたいな感じがするんです。怯えているという感じ。お互い深いところに入りたくない、入れたくもない。傷つきたくないのか、傷ついた経験があってもう嫌なのか。

―傷ついた体験があるんじゃないかな。差別といじめで。

牛坂　そうですね。結構どちらの経験者もいそうですね。

―だから恋愛が全員共通の学習の入り口ではなくて、人間関係とか、友だち関係とかから入っていったら、全員が関心あるテーマにはなりそうですね。「本当に孤独ってだめなのか」とか、「友だちは絶対必要なのか」とか、「友だちいないと不幸なのか」とか、そういう問いがあったら楽しいかもしれない。

牛坂　そういうのやりたいです。今ちょうどデートＤＶのくだりで恋愛関係に近いところやってるんです。生徒の気づきは、「普通に友だちと接してるときのことをずっとできればいいんだ」ということです。そういうことだよなと思って。

―ＤＶが自分事にならないと、「この人酷いよ。そういうこと自分は絶対しない」で終わってしまう可能性もありますからね。

牛坂　恋愛に関わる学習をしていて、「何でこの人はこれをやっちゃうのか」を考えるほうが楽しいかもしれない。何がこの人をそうさせているのか。今日も授業で意見を聞いたんですけど、やっぱり自信がないとか、相手を信頼できてないとか、不安とか、そういうのが出てきたんで、「意外といいとこ突いているな」と思いました。

感じる成長―多様性への許容

―総合って、今まで考えたことのないことをいっぱい考えるんですね。

牛坂　そうなんです。本当に勉強するし、「こんなことも考えたことなかったな」って本当に思います。関係性とか、性の多様性とか、そこら辺が結構好きっていうか、教えたり考えたりしていて楽しいんです。「この分野のことって、自分の考えを説明したこともなかったな」という体験はすごい思います。

―牛坂さんは学級担任をしていて、クラスの生徒との意思疎通がうまくいかない、言っていることが伝わらないという経験もしていると思います。その一方で、生徒たちが無邪気に発言していることの中にも、とても大切なことがあるという両方の経験をしているんですね。

牛坂　だと思います。やっぱり普段の会話が一番生徒たちの感覚が分かるじゃないですか。だから本当に幼いなと思うこともあるんですけど、意外と考えたんだなという発言もあったりするんです。

―生徒の成長を感じる時があるんですね。

牛坂　あります。特に「性と生」の学習をしているから「自分と違う人」を排除しなくなっていく。今年1年生の担任をやっていて思うんですけど、1年生のときは、「自分と違う人」を排除しようとしたりするんです。でも、3年生なんか見てると、もう興味ないじゃないですか。いい意味で。違う人がいることが当たり前になっているというか。それもできちゃうから、いろんなことを受け入れるのもたやすくやっているなという感じです。

―それって「性と生」という科目の土台で大事なところのような気がします。多様性って性の多様性だけではなく、個性も民族も成育歴もみんな違うということですものね。

牛坂　はい。「性と生」を教える上で私が「一番大事にしたいな」って毎回思っていることがあるんです。あることについて他の人がどう考えたかを必ずみんなで読んで、「これだけ考えていてもこんなに考えが違うんだ」というのを毎回やっていけば、「違うこと」が当たり前になるかなって思うんです。「恋愛の思い込みチェックリスト」なんかをやっても、○をつける人もこれだけいるし、×の人もこれだけいる。それが当たり前だというのにどんどん慣れてくといいなと思います。

これからの「性と生」へ

―最後にこれからの「性と生」の学習への期待や注文や提案したいことなどお話しください。

牛坂　やっぱりいろんなことをもっといろんな人が教えたほうが面白いなと思います。今年初めて「性と生」を教える青木孝太先生とペアを組んでいます。ずっとやっている人と初めて教える人では、また見え方が違っています。そうやって循環がもっと起きていくといいなと思います。あとは、今まで教えていた内容が今の生徒には通用しなくなってきたなと感じることがあったりします。

―3年前の内容でもちょっと通用しない。

牛坂　はい、そうなんです。みんなでいろんな新しいことにチャレンジしていってやるしかないですね。やっぱりいろんな人が教えられたほうが交流もできるし、お互い勉強になると思うんです。

―疑問が学びのエンジンになっているというのなら、不滅のモチベーションですね。

牛坂　そうですね。本当に不滅で。1年目教えた時はついて行くことや知ることで精一杯だったんですけど、今はやりたいことが多くて。というか勉強したいことが多くて大変です。時間が足りなくて。

―いいですね。分かりました。ありがとうございました。

牛坂　ありがとうございました。

総合「性と生」チーム（2022年度）

インタビュー13

荻野雄飛さん

（2016年～　福祉科）

荻野雄飛《おぎのゆうひ》さんは、大学の社会福祉学部で福祉を学び、２０１６年に大東学園に福祉科の専任教員として就職した。

大学ではジェンダー学などを深く学んだわけではなく、強いて言うならいわゆる「婦人保護事業」の流れでのジェンダーの話に触れたくらいだった。性教育全般に関する授業は、小・中・高・大どれを見ても、「皆無に近いんじゃないかな」と振り返る。

性教育をしたい、という気持ちを持つようになったのは、大学時代に友人から自分がいわゆるＬＧＢＴであることをカミングアウトされた経験による。その友人が「差別されるのは仕方ない」と言っていたのが「非常にモヤモヤと残った」。それから性の多様性に関心が強く向いていった。

そこから波及して、包括的性教育に関連するコンテンツについて勉強しだした。欧米、特にアメリカでは社会福祉の授業の中に、ジェンダーだけではなくて、セクシュアリティ教育が入っており、それが普通のカリキュラムだということも知った。

自分自身が福祉科の教員として、福祉の授業の中で性についての授業ができたらいいな、と思っていた。

総合「性と生」との出会い

―福祉科の教員免許を取って、大東学園に来られた。「性と生」という科目とチームがあることに驚きましたか？

荻野　驚きました。大学の時から性教育はやりたいと思っていたんですけど。まさか大東学園にそんなものがあるとは。

―迷わず、「性と生」の担当をしようと考えたんですか？

荻野　そうですね。産休代替だった時の２０１５年は、総合「平和」の授業を任されたんです。翌年専任になって、１年生を担当するということが分かったので、ぜひやらせてほしいなということで加わったんです。

「家族の多様性」を深めたい

―早速ですが、荻野さんから見て、「性と生」の学習内容で、ここはもうちょっと強めたらとか、角度を変えたりしたらと思うものはありますか？

荻野　一つ思っているのは、「家族の多様性」のところはもっと触れたいなということです。人間関係に関して、友人や恋愛関係のところは授業でも押さえているかな、と思うんですけど。

今年妊娠、出産を扱う授業でちょっとチャレンジしているのが、里親制度だとか、特別養子縁組だとか、「血縁関係のない」家族の形もあるということを、積極的に紹介するようにしていることです。

やっぱり、思春期だからこそ、なかなか家族と折り合いが合わなかったりすることもある。養護施設から通学している場合もある。それも含めて、家族といえば、結婚して、結婚した相手と血のつながった子どもがいるものってわけじゃないよね、いろんな家族があって当然だよね、というところは、今年は強めというか、積極的に紹介するようにしています。

—生徒たちの多くは、家族というものは与えられた条件であって、自分の力では絶対変えることはできないもの、致し方のないもの、という捉え方をしていますよね。

荻野　そうですね。法律的にもそうです。ただ、実際に暮らしている子どもたちの中には、やっぱり色々な家族がある。だから、いろんな視点から考えられるようにしたいと思っているんです。将来自分自身が家族を持つことになった時に、自分の可能性っていうんですか、そこが開かれるようにと思って。

—家族、家庭と言い換えてもいいけれど、「世界人権宣言」でも、「家庭は、社会の自然かつ基礎的な集団単位」と書かれています。人権宣言はその後に、「社会及び国の保護を受ける権利を有する」とあるんですが、日本ではそこは注目されないで、「家族の絆こそ一番大事」という捉え方になっていく。そして、その家族というのは肉親、血縁の結びつきである、みたいな捉え方がありますね。

荻野　そうですね。「道徳」の「家族に感謝しましょう」などでは血のつながった家族、父母両方揃った家族とか、そういうところが強い。「家族そのものについて考えてみよう」というのはなかなかないのかなと思います。

―そうですよね。

荻野　家庭科の中では家族を考える内容があると思うんです。最近の家庭科教材の中には同性婚や事実婚の話が入っています。きっと変わりつつあるんでしょうけど、「ライフプランを描こう」みたいな単元になると、急に「いつ結婚して」みたいなところに戻ってしまう。

―これが当たり前、普通ですよという話になっていきがちですよね。

荻野　多分生徒の中には、「そうしなきゃ、そういうものを書かなきゃ」という圧力を感じている人もいるのかな、という気もします。

―話が飛躍するかもしれないけど、たとえば、旧統一協会（教会）が「家庭連合」という名前に変えて、「家庭が大切だ」と、あたかも家庭を大事にしているかのようにふるまってきた。そして、「家庭教育支援条例」とか、同じ名前の法律を推進している。この人たちの中にある家庭像は、日本型、「サザエさん」のような三世代同居が理想みたいなもの。こういう時だからこそ、「家族の多様性」というのは意味を持つと思って聞いていました。

荻野　僕自身もそうだと思っています。あそこで大切にされている家族って、もう決まっちゃってるじゃないですか。あの家族像は、あくまでも「家庭連合」トップの人たちがコントロールするための家族、理想的な支配構造としての家族。家族ってそうじゃないぞというところは、すごく大事かなと思っているんです。

―統一協会でないときは、国家が統制しやすい家族ですよね。

荻野　そうですね。あくまでそれは統治のための家族でしかない。そうじゃない、市民一人ひとりの幸福追求権、尊厳としての家族というんですか。そこを考えてもらって、押さえてもらいたいな。

―それが今の、大東の「性と生」の学習内容の中に、もう少し太く入ってくるといいのかなと？

荻野　はい。そうするといいのかなって。

「探究する学び」を目指して

荻野さんに「性と生」の学習をさらに前進させるために求められているのは何かを聞いたところ、「探究」ではないかと答えてくれた。

荻野さんの評価では、今でも生徒たちに意見を出してもらって交流するところまではできているので、それをもとにさらに深めることが必要なのではないか、という。

時間的な制約もあって難しい面もあるが、「一コマずつだから、分かりやすく構造化してしまうこともできますね。例えば50分授業で20分喋ったら、30分間は皆でそれぞれ議論する時間、というふうに決めてやる。それぐらい形にこだわるところからスタートしてもいいのかな」というのが荻野さんの考えだ。

―どうやって本当の「探究」の学習にしてくのかというのは、大きな課題ですね。

荻野　そうですね。多分これからの世の中、更に性に関する様々な社会問題が形を変えて出てくると思うんです。探究する学びが一定できてくると、その時に自分たちがどうやって深めていけば、安心安全でかつ、自分の性に関する権利がしっかりと守られた形で生活を送ることができるか、その手段だとか方法だとかを自分自身で見つけられるようになるんじゃないかな。今はこの２０２２年の状況を共有することができても、そこから先の世の中で、彼らが自分の人権をしっかり守り抜けるようにはなってほしいので。

「探究する学び」を踏まえて、今後の「性と生」の発展方向について意見を聞いた。

人権を基盤に、問いを軸に

荻野さんは、生徒が今抱えている悩みや不安、困りごと、知りたいことは、人間であり、高校生という成長段階である限り、今後何十年もあまり変わらないのではないか、と考えている。その上で、「問いから出発して、学んだり調べたりして納得したら自分自身で次の問いを見つけて、今度は自分で深めていける。そういうきっかけ作りの科目になったらいいな」と言う。

荻野　あとは、性って人間の根本、根源、核となる部分の1つだと思うので、そこは忘れずに考えたい。「性と生」の授業を受けた生徒たちが、毎年最終レポートの感想のところに、授業へのコメントを書いてくれる。「性は自分が生きてく上でとても大事なものなんだ」というような肯定的なコメント。ああいうふうなコメントが、引き続きもらえればいいのかな。

―2年生の座談会で、何人もの2年生が「性っていうのと、人権尊重っていうのが結びついてる」という内容の発言をしてくれましたよね。

荻野　そうですね。もしも妊娠や性感染症予防について、対処療法とか病理的なところだけの授業をしていたら、「性は危ないものだから、知恵をつけないといけない」で終わっていたんでしょうけど。そこら辺を扱いつつも、たとえば、中絶するという選択をすることの難しさとか、一方でそれは権利であるとか。避妊、あるいは性感染予防に協力してくれないということが暴力であるだとか。そういうところまでは学んでいるからこそ、自分たちが学んだ性に関することが、本当に人権の課題と一体のものとしてあるということは伝わったんじゃないかなと思います。

包括的性教育を拡げる

残念ながら現在のところ、包括的な性教育を実践している学校は少ない。どうしたら広げられるかという問題もあるが、例えば自分の学校で、性の学びを子どもたちと一緒に作っていきたい、あるいは提供したい、と思ったとしたら、何から・どこから始めたらいいのだろうか。それを荻野さんに聞いた。

荻野　学校の先生で、一定生徒と関わる時間が保証されているのであれば、多分ご自身の科目だとか、授業だとか、ホームルームの中で、投げかけることはできるんじゃないかなと思うんです。たとえば、国語では文学作品だとか、評論だとかを使う。社会だったら、もちろん社会問題でいっぱいあるだろうし。理科も生物学とかを軸に、展開することもできるだろうし。多分機会が保障されているのであれば何らかしらできると思います。毎回は無理でも、できるところから始めればいいのだと思います。

性の学びは自己解放の学び

―最後に一言お願いします。

荻野　いつも生徒に最初の授業で伝えているのは、性の学びって自己解放の学びになるよということです。「こうあるべき」とか、「こうしないといけない」から解放される。自分自身がどうありたいかとか、そういうのを改めて考えて、そのためにどういうふうに生きてくかのきっかけになるよ、というのを伝えています。これからも、自分自身を解放し、自分自身の可能性を見つける、そんな授業であってほしい。そういう学びを引き続きやっていきたいなと思うし、そういうふうな学びをやってくれる、やりたいと思ってくれる仲間をどんどん増やしていきたいなというふうに思っています。

―ありがとうございます。これにてインタビューを終わらせていただきます。

荻野　ありがとうございました。

おわりに

「生命（いのち）の安全教育」と性教育

２０２３年度から全国の公立学校で「生命（いのち）の安全教育」というプログラムが実施される。発表当初メディアで「文科省が新たな性教育を展開か」などと報道されたが、文科省自身は２０２２年３月に「（学校における性に関する指導に」関連する取組」と位置付けた。文科省の「生命の安全教育　指導の手引き」（２０２１年）の説明によると、「子供を性暴力の当事者にしないため」のものとされている。つまり、「生命（いのち）の安全教育」とは「性暴力に関わる安全（安全確保）教育」なのである。

性暴力と安全確保は、これまで学校教育においては真正面から取り上げられてこなかったテーマであり、これを学習のテーマとして取り上げた点で重要なプログラムであることは確かである。

しかし、公開されている教材例を見ても、このプログラムを実施したからといって性教育を実施したと考えてはいけないと痛感する。

このプログラムは「性教育なき性の安全教育」（果たしてこんなことが成り立つのだろうか）『『からだの権利』なき性の安全教育」なのであり、仮に「生命（いのち）の安全教育」が全公立学校で実施されても、日本における貧困な性教育の実態は変わらないのである。

日本の学校で包括的性教育を進めるには何が必要か

大東学園の総合「性と生」は25年以上続いてきた。私立学校であること、高校なので学習指導要領の「歯止め規定」の影響がないことなど、有利な条件は確かにある。公立学校には独特の困難さがあるだろう。

この「歯止め規定」については注目すべき動きがある。２０２２年8月12日、日本財団（笹川陽平会長）は「包括的性教育の推進に関する提言書」を公開した。２０２１年の春以来有識者会議を開き、性教育実践者へのインタビューも行ってまとめていたものである。この中で「（３）包括的性教育の教育内容に関する改善提案」として、「学習指導要領における『はどめ規定』『はどめ措置』の撤廃・見直し」を提言していることに注目する必要がある。

さらに、２０２３年1月には日本弁護士連合会（日弁連）が、「『包括的性教育』の実施とセクシュアル・リプロダクティブ・ヘルス＆ライツを保障する包括的な法律の制定及び制度の創設を求める意見書」を発表した。この意見書の中でも「歯止め規定」の存在を「科学的に学習する機会が保証されていない」ことの一因であると指摘している。

性教育に取り組んでいる公立学校の先生たちに「日本の学校で性教育を進めるには何が必要だと思いますか」と尋ねたことがある。答えをまとめてみると次の10項目になった（順不同）。

●性教育に対する法的裏付け（人権教育の根拠法として『人権教育啓発推進法』があるように）

●文科省のやる気
●教育委員会のやる気
●管理職のやる気
●教職員への性教育の研修
●教職員の時間的ゆとり
●教材研究の自由の保障
●教職員間の連携、協力
●保護者の要望と理解、後押し
●学外専門家の協力

この10項目を公立学校の先生方に見ていただくと、「確かにその通り。でも展望は暗い」という反応が多かった。確かに「法的根拠」とか「文科省のやる気」などははるかなものに思える。

しかし、活路もある。保護者の意識はこの10年くらいで「学校でまともな性教育をしてほしい」という方向に大きく変化している。たとえばPTAなどを通じて「性教育の機会を作ってください」という要望を学校に伝えることも活路を開く一つの方策だろう。

また、先に触れた「生命（いのち）の安全教育」を性教育実施のチャンスとして活用していくことも考えられる。「性教育なき性の安全教育」では効果は少ないことを訴え、性教育の内容を入れ込んでいくなどの方法である。

そうは言っても活路が見えない場合もある。自分の職場や現場での性教育実践の見通しが立たないこともある。そういう相談を受けたとき、私は「まず学びましょう」と答えることにしている。宮沢賢治に、「求道すでに道である」という私の好きな言葉がある（「農民芸術概論綱要」）。包括的性教育について学ぶことは、すでにそれ自体が実践であると言っていいのではないだろうか。学びは世界を広げ、さまざまな出会いをもたらしてくれるだろう。

「性と生」を支えてきたもの

30年ほど前、総合を立ち上げるとき、私たちは「総合の学び」とはどういうものだろうかと議論した。それまで私たちの頭の中にあった「学び」のイメージは、「教えられる者は、貯金するように知識を頭の中に貯めていく…」というものだった。

ブラジルの教育者パウロ・フレイレはこのような教育を「伝達」、「預金型教育」と批判し、それとは対照的な「対話的な教育」を呼びかけた。

「生徒と教師が一緒に前を見てともに学んでいく」新しい学習のイメージは鮮烈だった。こういう学びを創造したいと今も考えている。

１９９６年のスタートから25年あまり。専任教員・非常勤教員あわせて１００名あまりの大東学園で、これまでに70名近くが「性と生」を担当し、性教育にかかわった。

「生徒をより理解できる。自分の暮らしも変わる。一度はやってみませんか」というのが、担当経験者たちの共通の思いである。

総合「性と生」は、私たちの生徒理解を助け、生徒が自分の問題を見つめること・必要なときには相談することを助け、生徒相互の関係をより良くすることを助けている。

さらに、デートDVも含む暴力・性暴力を可視化し、問題化し、解決のための行動を始めることを助けている。さらに、大東学園の教育目標「人間の尊厳を大切にする」を具現化する上でも不可欠のものとなっている。

リーダーたる教科主任やチームのメンバーは入れ替わっても、この学びは続いている。

私は、大東学園の「性と生」の学びを支えてきた3つの柱があると考えている。

それは、

○生徒たちの「知りたい」という思い
○学びを推進する体制や条件の整備（教育、研究、交流の自由保障・クラス半分サイズ実施・男女ペアの教員チーム体制・時間割内教科会の保障・研修費補助など）
○絶えざる「栄養補給」（専門家・当事者などに学ぶ・全国規模の研究団体＝性教協の支えによる最新の知見の獲得）

である。

この3つの柱が健在である限り、今後も総合「性と生」は存続・発展・進歩していくだろう。

性の学びが洋々たる未来を拓いていくことを期待している。

参考文献一覧

○「ひこばえ　大東学園年報　1970」大東学園中学校高等学校教職員組合編　1970 年
○「いのちあらたに―大東学園再建１０年のあゆみ―」大東学園編　1979 年
○「完全学校五日制の下での特色ある教育課程づくり」大東学園高等学校　1996 年
○「資料集第２集　総合『性と生』の授業」大東学園高等学校　1997 年
○「大東学園『学校５日制・総合学習』研究会　記録集」大東学園『学校５日制・総合学習』研究会準備委員会　1999 年
○「新カリキュラムの授業実践をふり返る」〈1996 年度～ 1999 年度〉大東学園高等学校 2000 年
○「大東学園公開研究会記録集」大東学園　2000 年
○「大東学園７０年史」大東学園 70 年史編集委員会編　2002 年
○「大東学園８０年誌」大東学園 80 年誌編集委員会編　2013 年

○『伝達か対話か』パウロ・フレイレ　里見実ほか訳　亜紀書房　1982 年
○『教育』1997 年 10 月号　国土社
○『季刊セクシュアリティ』65 号「日本の性教育を展望する―世界の中の日本―」エイデル研究所　2014 年
○『ここまで進んだ！格差と貧困』中西新太郎・杉田真衣ら共著　新日本出版社 2016 年
○『教科書にみる世界の性教育』橋本紀子、池谷壽夫、田代美江子　かもがわ出版 2018 年
○『「若者の性」白書　第８回　青少年の性行動全国調査報告』　日本性教育協会編　小学館　2019 年
○『【改訂版】国際セクシュアリティ教育ガイダンス』ユネスコ編　浅井春夫・良香織・田代美江子・福田和子・渡辺大輔訳　明石書店　2020 年
○「包括的性教育の推進に関する提言書」公益財団法人日本財団　性と妊娠にまつわる有識者会議　2022 年
○「『包括的性教育』の実施とセクシュアル・リプロダクティブ・ヘルス＆ライツを保障する包括的な法律の制定及び制度の創設を求める意見書」　日本弁護士連合会　2023年

年度	担当者氏名（50音順・敬称略）
2010年度	阿部和子　飯田史代　小嶋真奈　十二雅子　杉山誠一　檜佐勝治　丸山慶喜　水野哲夫　武藤由美　米山昭博
2011年度	阿部和子　市村卓也　糸井駿平　小川明紀　小嶋真奈　十二雅子　寺田由美　檜佐勝治　丸山慶喜　水野哲夫
2012年度	阿部和子　小川明紀　小池奈津　小嶋真奈　寺田由美　檜佐勝治　福元宏一　藤井和夫　丸山慶喜　水野哲夫
2013年度	阿部和子　安部紗子　糸井駿平　太田宏樹　小川明紀　杉中佑砂　寺田由美　檜佐勝治　藤井和夫　水野哲夫
2014年度	阿部和子　安部紗子　市村卓也　井出麻木　糸井駿平　親松輝美　佐々木准　寺田由美　水野哲夫
2015年度	阿部和子　飯田史代　荻野雄飛　佐々木准　杉山誠一　竹島正義　寺田由美　檜佐勝治　水野哲夫
2016年度	阿部和子　小川明紀　荻野雄飛　杉山誠一　寺田由美　檜佐勝治　町井陽子　水野哲夫　武藤由美　米山昭博
2017年度	阿部和子　安部紗子　飯田史代　糸井駿平　荻野雄飛　杉山誠一　寺田由美　檜佐勝治　水野哲夫
2018年度	阿部和子　安部紗子　大久保貴弘　荻野雄飛　杉山誠一　寺田由美　檜佐勝治　藤川順子　町井陽子　水野哲夫
2019年度	阿部和子　牛坂安未　荻野雄飛　髙橋祥太　寺田由美　檜佐勝治　水野哲夫　宮坂幸香
2020年度	阿部和子　安部紗子　荻野雄飛　寺田由美　中富光佑　檜佐勝治　水野哲夫　宮坂幸香
2021年度	阿部和子　荻野雄飛　鈴木光　廣谷朝子　町井陽子　三坂央　水野哲夫　宮坂幸香
2022年度	青木孝太　阿部和子　牛坂安未　大久保貴弘　荻野雄飛　藤川順子　水野哲夫　宮坂幸香

総合「性と生」 歴代授業担当者一覧

年度	担当者氏名（50音順・敬称略）
1996年度	池上東湖　河村重行　葛岡隆　小嶋真奈　十二雅子　庄山敦子　寺田由美　檜原順子　丸山慶喜　武藤由美　渡辺恭子
1997年度	会津洋子　大森弓子　河村重行　小岩井真由美　小嶋真奈　十二雅子　寺田由美　丸山慶喜　水野哲夫　武藤由美　渡辺恭子　和田勇
1998年度	大森弓子　北原和子　小嶋真奈　笹岡清　丸山慶喜　水上秀之　武藤由美　渡辺恭子　和田敏明
1999年度	葛岡隆　小嶋真奈　十二雅子　庄山敦子　畠中理江　武藤由美　米山昭博　和田勇
2000年度	大渕優　葛岡隆　佐々木るつ子　十二雅子　寺田由美　奈須野敏秋　早野正子　水野哲夫　山田結子
2001年度	金子広志　葛岡隆　寺田由美　冨岡浩　冨田道子　本多志津江　和田敏明
2002年度	北原和子　小嶋真奈　谷優　寺田由美　丸山慶喜　武藤由美　和田勇
2003年度	小川明紀　小川滋子　小嶋真奈　佐々木るつ子　谷優　寺田由美　本多志津江　丸山慶喜　水野哲夫
2004年度	小川明紀　金子広志　小嶋真奈　丹野美智代　寺田由美　本多志津江　丸山慶喜　水野哲夫　山崎到　和田勇
2005年度	小川明紀　北原和子　寺田由美　奈須野敏秋　檜佐勝治　本多志津江　丸山慶喜　水野哲夫　武藤由美　山崎到
2006年度	阿部和子　小川明紀　十二雅子　谷優　寺田由美　檜佐勝治　丸山慶喜　水野哲夫　山田結子
2007年度	阿部和子　葛巻真希雄　小嶋真奈　小梢正道　檜佐勝治　本多志津江　丸山慶喜　水野哲夫　武藤由美
2008年度	阿部和子　小川明紀　佐々木准　十二雅子　寺田由美　丸山慶喜　水野哲夫　山崎到
2009年度	阿部和子　池上東湖　小川明紀　小嶋真奈　十二雅子　杉山誠一　寺田由美　檜佐勝治　丸山慶喜　水野哲夫

【著者プロフィール】

水野哲夫（みずの・てつお）

1953（昭和 28）年、長野県生まれ。慶応義塾大学文学部国文学科卒業。1978（昭和 53）年、東京都世田谷区にある私立大東学園高校に国語教諭として就職。1997 年から総合「性と生」も担当。2022 年度は白梅学園大学、一橋大学、大東学園高校でセクソロジー関連科目を担当。現在、一般社団法人“人間と性”教育研究協議会代表幹事。『季刊セクシュアリティ』編集長。

主な著書・コンテンツ

- 『改訂新版ヒューマン・セクソロジー』（共著：子どもの未来社、2020 年）
- 絵本『人間と性の絵本』第 3 巻「思春期ってどんなとき？」（大月書店、2021 年）
- 『考えたことある？ 性的同意　知らないってダメかも』（監修・解説：子どもの未来社、2021 年）
- 「Yahoo! きっず」提供のインターネットコンテンツ「ココロとカラダのことを学べるココカラ学園」（共著：執筆・監修、2022 年）
- 『授業で使える『生命（いのち）の安全教育』事例集　中学・高校編―人権とからだの権利、自己決定と同意、性の多様性を学ぶきっかけに―』（子どもの未来社、2023 年）

性の学びが未来を拓く
大東学園高校　総合「性と生」の26年

2023 年 4 月 1 日　初刷発行

著　者■水野 哲夫
発行者■大塚 孝喜
発行所■株式会社 エイデル研究所
〒 102-0073　東京都千代田区九段北 4-1-9
TEL. 03-3234-4641／FAX.03-3234-4644
イラスト■大倉 和隼
本文 DTP ■大倉 充博
印刷・製本■中央精版印刷株式会社

Printed in Japan ISBN978-4-87168-692-1 C3037
（定価はカバーに表示してあります）